【八訂版】

社会福祉法人ハンドブック

設立・会計・税務

公認会計士・税理士 **実藤秀志** 著

税務経理協会

八訂版発行に際して

　七訂版発行から3年が経過しましたが，この間平成28年に社会福祉法の大改正が行われました。

　今回の改正の目玉は，次の3つです。

　まず第1は，経営組織のガバナンスの強化です。評議員会は，基本的かつ最高の必置の意思決定機関となり，理事，理事会，監事については，その権限や責任が明確化されました。

　さらに，一定規模以上の社会福祉法人については，会計監査人の設置が義務化されました。

　第2は，事業運営の透明性の向上です。社会福祉法人の高い公益性保持の見地から，①定款，事業計画書，役員報酬基準が新たに閲覧対象に加わったり，②閲覧請求者を利害関係人から国民一般に拡げたり，③定款，貸借対照表，収支計算書，役員報酬基準が公表対象となりました。

　第3は，財政規律の強化です。まず，内部留保を明確化するため，社会福祉充実計画を制度化しました。また，役員報酬基準の作成と公表の規定も設けました。

　これらの改正に合わせて，本書の定款例を大幅に加筆・修正しました。

　社会福祉法人会計については，社会福祉法人会計基準が，「局長通知」から「厚生労働省令」に格上げされ，計算書類も簡素化され，勘定科目の変更，財産目録の様式の変更などがありました。

　社会福祉法人の税務についても，改正を反映させましたが，とりわけ平成31年10月からの消費税率10％（軽減税率8％）の引上げに対して，消費税の納税義務者となっている社会福祉法人においては，その準備が必要と思われます。

　また，本書ではふれませんでしたが，平成30年4月の介護保険法が改正され，新たに長期療養者に対する施設である「介護医療院」も創設されました。

八訂版発行にあたりまして，税務経理協会の皆様にたいへんお世話になりました。

　こうした皆様に感謝を申し上げるとともに，本書が読者の皆様のお役に立てば幸いです。

　平成30年9月

実藤　秀志

は　し　が　き

　社会福祉法人もいよいよ荒波にさらされることとなりました。これまで社会福祉法人は，措置委託中心の「守りの経営」を行っていればよかったのですが，平成12年の介護保険法の施行と同時に，公益事業や収益事業をも視野に入れつつ，顧客獲得競争を意識した「攻めの経営」に変化せざるを得なくなったのです。

　このことにより，サービスの悪い社会福祉法人は，生き残ることが困難になったことを意味します。しかし，逆に個性的で魅力のある社会福祉法人は脚光を浴びるチャンスも広がったとも言えます。

　さらに，平成12年2月の社会福祉法人会計基準の創設によって，どんぶり勘定はできなくなり，予算管理・コスト管理をきちんとせざるを得ず，ディスクロージャーも拡充されました。

　そこで，本書では，以上の改正等に先がけ，よりコンパクトにわかりやすくをスローガンに，社会福祉法人の設立から税務までを専門家から社会福祉法人関係者まで利用できるように網羅し，皆様方に役立つようにまとめてみました。

　また，本書作成にあたっては，税理士平井飛行先生及び公認会計士長島良亮先生に貴重な助言をいただき，さらに，厚生省社会・援護局施設人材課長の森山幹夫氏には，社会福祉法に関する貴重な資料等を送付いただき，この場を借りてお礼を申し上げたいと思います。

　なお，本書発行にあたっても税務経理協会のスタッフの皆様にお世話になり，本書がいち早く出版できたことにつき，特に感謝を申し上げます。

　平成12年8月

実藤　秀志

目　次

八訂版発行に際して
はしがき

I
社会福祉法人

1　社会福祉法人とは　*3*
　① 社会福祉法人　*3*
　② 営利法人と中間法人　*7*
2　設　　　立　*8*
　① 概　　　要　*8*
　② 定款作成　*8*
　③ 所轄庁の認可　*16*
　　　様式1　社会福祉法人設立認可申請書　*17*
　　　様式2　財産目録　*20*
　　　様式3　法人設立時財産贈与契約書　*21*
　　　様式4　地方公共団体の補助金交付確約書　*23*
　　　様式5　地方公共団体の補助金予定通知書　*24*
　　　様式6　所有権移転登記確約書　*25*
　　　様式7　土地の無償貸与確約書　*26*
　　　様式8　地上権設定契約書　*27*
　　　様式9　地上権設定登記誓約書　*28*
　　　様式10　土地賃貸借契約書　*29*
　　　様式11　賃借権登記誓約書　*30*
　　　様式12−1　事業計画書（例）（特別養護老人ホーム）　*31*
　　　様式12−2　事業計画書（例）（保育所）　*33*
　　　様式13　資金収支予算明細書　*34*
　　　様式14　設立者・役員・評議員一覧表　*41*
　　　様式15　履歴書　*42*
　　　様式16　欠格事項に該当しないことの申立書　*44*

様式17　設立代表者の権限を証する委任状（設立代表者が設立に関する一切の権
　　　　　　　限を有する場合）　*45*
　　　様式18　設立代表者の権限を証する委任状（贈与者が代表者の場合）　*46*
　　　様式19　設立代表者の権限を証する委任状（代理人を選任する場合）　*47*
　　　様式20　役員就任承諾書　*48*
　　　様式21　評議員一覧表　*49*
　　　様式22　施設建設計画書　*50*
　　　様式23　設備整備（初度調弁）一覧表　*51*
　　　様式24　償還計画表　*52*
　　　様式25　償還金贈与契約書　*53*
　　　様式26　基本財産編入誓約書　*55*
　　　様式27　施設長就任承諾書　*56*
　　　様式28　施設長資格取得念書　*57*
　4　設 立 登 記　*58*
3　管理と監督　*59*
　1　評議員と評議員会　*59*
　　　　　位置づけ／任期と定員数／責任
　2　理　　　　事　*60*
　　　　　選任・資格要件／任期と定員数／責任
　3　理　事　会　*60*
　4　監　　　　事　*61*
　　　　　選任・資格要件／義務と権限／任期と定員数／責任
　5　会計監査人　*62*
　6　定 款 変 更　*63*
　7　監　　　　督　*63*
4　合併と解散　*64*
　1　合　　　　併　*64*
　　　　　意義／手続き／登記
　2　解　　　　散　*65*
　　　　　意義／手続き／登記／清算
5　コンプライアンスと今後の課題　*68*

II 社会福祉法人の会計

1 社会福祉法人会計基準　71
　1 概　　要　73
　2 構　　成　74
　3 計算書類　75
　4 一般原則等　76
　5 事業区分・拠点区分・サービス区分　76
　6 内部取引　77
　7 資金収支計算書　77
　8 事業活動計算書　80
　9 貸借対照表　83
　10 注記事項　85
　11 附属明細書　86
　12 財産目録　89

2 会計上の個別問題の検討　91
　1 新基準に定めのない事項　91
　2 固定資産と減価償却　91
　3 基　本　金　92
　4 国庫補助金等特別積立金　92
　5 共同募金配分金等　93
　6 引　当　金　93

3 新たに導入された会計処理　94
　1 1年基準　94
　2 金融商品の時価会計　94
　3 リース会計　95
　4 退職給付会計　96
　5 減損会計　97
　6 社会福祉充実残額と社会福祉充実計画　97
　7 その他　97

4 経営分析 *99*

- ① 必　要　性　*99*
- ② 収益性分析　*99*
    純資産回転率／総資産回転率／総資産経常収支差額比率
- ③ 安全性分析　*100*
    流動比率／純資産比率／固定長期適合率
- ④ 生産性分析　*101*
    労働生産性／従業者1人当たり事業活動収入／労働分配率

Ⅲ

社会福祉法人の税務

1 概　　要　*107*

- ① 税法上の取扱い　*107*
- ② 非　課　税　*107*
- ③ 収 益 事 業　*108*
- ④ 区 分 経 理　*114*

2 法 人 税　*115*

- ① 所得計算と税額計算　*115*
    所得計算の通則／益金の額／損金の額／企業利益と課税所得／税額計算／申告
- ② 役 員 給 与　*117*
    役員の範囲／役員報酬／役員賞与／役員退職給与
- ③ 寄　附　金　*120*
    範囲／みなし寄附金／損金算入限度額
- ④ 交　際　費　*121*
    範囲／損金算入限度額／隣接費との区分
- ⑤ 使途秘匿金　*123*
- ⑥ 租 税 公 課　*123*
    概要／取扱い
- ⑦ 保　険　料　*125*
- ⑧ 貸 倒 損 失　*126*
    概要／未収入金について／貸付金について

- ⑨ リース取引　*126*
  - 意義／取扱い
- ⑩ 固定資産と減価償却　*127*
  - 固定資産について／減価償却について
- ⑪ 貸倒引当金　*130*
  - 概要／貸金の範囲／繰入限度額
- ⑫ 繰越欠損金　*132*
  - 概要／青色年度の欠損金の繰越控除／災害損失金の繰越控除／欠損金の繰戻し還付

3　消費税　*134*
- ① 概　　要　*134*
- ② 課 税 取 引　*134*
  - 国内取引／輸入取引
- ③ 非課税取引　*135*
  - 性格上課税対象とならないもの／特別の政策的配慮によるもの
- ④ 不課税取引　*135*
- ⑤ 納税義務者及び税率　*136*
- ⑥ 税額計算の原則　*136*
  - 概要／税額計算に必要な用語の説明／課税仕入に係る消費税額(仕入税額控除額)の特例計算
- ⑦ 簡易課税制度　*139*
- ⑧ 特別会計を有する場合の取扱い　*139*
- ⑨ 経 理 方 法　*140*
- ⑩ 申　告　等　*141*

4　所得税の源泉徴収義務　*142*
- ① 概　　要　*142*
- ② 給与支払者の事務手続　*142*
- ③ 給与受給者の事務手続　*142*
- ④ 年 末 調 整　*143*
- ⑤ 法 定 調 書　*143*
- ⑥ マイナンバー制度について　*143*

5　贈与税・相続税　*146*
- ① 個人が社会福祉法人に生前贈与・遺贈・死因贈与した場合　*146*

② 個人が社会福祉法人に相続により取得した財産を贈与した場合　*147*

参 考 文 献　*148*

I
社会福祉法人

1
社会福祉法人とは

1 社会福祉法人

　社会福祉法人とは，社会福祉法の規定によって設立された法人をいいます。現在，社会福祉法人の数は，平成28年3月末で合計20,625となっています。

　社会福祉法人は，社会福祉事業のみを行うことを目的としており，この社会福祉事業には，第1種社会福祉事業と第2種社会福祉事業の2種類があります。したがいまして，上記の社会福祉事業を行うことを目的としないものは，社会福祉法人になりえません。

　なお，第1種社会福祉事業については，民間で行うものは，原則として社会福祉法人でなければならないことになっています。

　次に，社会福祉法人の行える事業についてもう少し詳しく説明したいと思います。

　まず，第1種社会福祉事業は，以下のような公共性の特に高い事業であるため，事業主体に制限が設けられており，原則として国，地方公共団体又は社会福祉法人に限り行えます。その他の者が行おうとする場合には，許可を受けなければなりません。

① 生活保護法に規定する救護施設，厚生施設その他生計困難者を無料又は低額な料金で入所させて生活の扶助を行うことを目的とする施設を経営する事業及び生計困難者に対して助葬を行う事業
② 児童福祉法に規定する乳児院，母子生活支援施設，児童養護施設，障害児入所施設，情緒障害児短期治療施設又は児童自立支援施設を経営する事業

> ③ 老人福祉法に規定する養護老人ホーム，特別養護老人ホーム又は軽費老人ホームを経営する事業
> ④ 障害者の日常生活及び社会生活を総合的に支援するための法律に規定する障害者支援施設を経営する事業
> ⑤ 売春防止法に規定する婦人保護施設を経営する事業
> ⑥ 授産施設を経営する事業及び生計困難者に対して無利子又は低利で資金を融通する事業

一方，第2種社会福祉事業は，以下のその事業自体が社会福祉の増進に貢献するものであり，事業主体の制限もなく，届出のみですみます。

> ① 生計困難者に対して，その住居で衣食その他日常の生活必需品若しくはこれに要する金銭を与え，又は生活に関する相談に応ずる事業
> ② 生活困窮者自立支援法に規定する認定生活困窮者就労訓練事業
> ③ 児童福祉法に規定する障害児通所支援事業，障害児相談支援事業，児童自立生活援助事業，放課後児童健全育成事業，子育て短期支援事業，乳児家庭全戸訪問事業，養育支援訪問事業，地域子育て支援拠点事業，一時預かり事業又は小規模住居型児童養育事業，同法に規定する助産施設，保育所，児童厚生施設又は児童家庭支援センターを経営する事業及び児童の福祉の増進について相談に応ずる事業
> ④ 母子及び父子並びに寡婦福祉法に規定する母子家庭等日常生活支援事業又は寡婦日常生活支援事業，同法に規定する母子福祉施設を経営する事業及び父子家庭居宅介護等事業（現に児童を扶養している配偶者のない男子がその者の疾病その他の理由により日常生活に支障を生じた場合に，その者につきその者の居宅において乳幼児の保育，食事の世話その他日常生活の便宜を供与する事業であって，母子家庭居宅介護等事業その他これに類する事業を経営する者が行うものをいう。）
> ⑤ 老人福祉法に規定する老人居宅介護等事業，老人デイサービス事業，老人短期入所事業，小規模多機能型居宅介護事業，認知症対応型老人共同生活援

助事業又は複合型サービス福祉事業及び同法に規定する老人デイサービスセンター，老人短期入所施設，老人福祉センター又は老人介護支援センターを経営する事業
⑥ 障害者の日常生活及び社会生活を総合的に支援するための法律に規定する障害福祉サービス事業，一般相談支援事業，特定相談支援事業又は移動支援事業及び同法に規定する地域活動支援センター又は福祉ホームを経営する事業
⑦ 身体障害者福祉法に規定する身体障害者生活訓練等事業，手話通訳事業又は介助犬訓練事業若しくは聴導犬訓練事業，同法に規定する身体障害者福祉センター，補装具製作施設，盲導犬訓練施設又は視聴覚障害者情報提供施設を経営する事業及び身体障害者の更生相談に応ずる事業
⑧ 知的障害者福祉法に規定する知的障害者の更生相談に応ずる事業
⑨ 生計困難者のために，無料又は低額な料金で，簡易住宅を貸し付け，又は宿泊所その他の施設を利用させる事業
⑩ 生計困難者のために，無料又は低額な料金で診療を行う事業
⑪ 生活困難者に対して，無料又は低額な費用で介護保険法に規定する介護老人保健施設を利用させる事業
⑫ 隣保事業（隣保館等の施設を設け，無料又は低額な料金でこれを利用させることその他その近隣地域における住民の生活の改善及び向上を図るための各種の事業を行うものをいう。）
⑬ 福祉サービス利用援助事業（精神上の理由により日常生活を営むのに支障がある者に対して，無料又は低額な料金で，福祉サービス（前項各号及び前各号の事業において提供されるものに限る。）の利用に関し相談に応じ，及び助言を行い，並びに福祉サービスの提供を受けるために必要な手続き又は福祉サービスの利用に要する費用の支払に関する便宜を供与することその他の福祉サービスの適切な利用のための一連の援助を一体的に行う事業をいう。）
⑭ 第1種社会福祉事業及び上記①から⑬までの事業に関する連絡又は助成を行う事業

さらに，社会福祉法人は，公益を目的とする事業であって，社会福祉事業以外の例えば以下のような公益事業を行うことができます。

①ア　必要な者に対し，相談，情報提供・助言，行政や福祉・保健・医療サービス事業者等との連絡調整を行う等の事業
　イ　必要な者に対し，入浴，排せつ，食事，外出時の移動，コミュニケーション，スポーツ・文化的活動，就労，住環境の調整等（以下「入浴等」という。）を支援する事業
　ウ　入浴等の支援が必要な者，独力では住居の確保が困難な者等に対し，住居を提供又は確保する事業
　エ　日常生活を営むのに支障がある状態の軽減又は悪化の防止に関する事業
　オ　入所施設からの退院・退所を支援する事業
　カ　子育て支援に関する事業
　キ　福祉用具その他の用具又は機器及び住環境に関する情報の収集・整理・提供に関する事業
　ク　ボランティアの育成に関する事業
　ケ　社会福祉の増進に資する人材の育成・確保に関する事業（社会福祉士・介護福祉士・精神保健福祉士・保育士・コミュニケーション支援者等の養成事業等）
　コ　社会福祉に関する調査研究等
②　当該事業を行うことにより，当該法人の行う社会福祉事業の円滑な遂行を妨げるおそれのないものであること。
③　当該事業は，当該法人の行う社会福祉事業に対し従たる地位にあることが必要であること（社会福祉事業を越える規模の公益事業を行うことは認められないこと）。
④　社会通念上は公益性が認められるものであっても社会福祉と全く関係のないものを行うことは認められていないこと。
⑤　公益事業において剰余金を生じたときは，当該法人が行う社会福祉事業又は公益事業に充てること。

ただ、公益事業に係る会計は、特別会計として経理しなければなりません。

また、社会福祉法人は、108ページ以降の所定の要件を満たせば収益事業も行えることになっています。この場合も、特別会計としての経理が要求されます。

2 営利法人と中間法人

法人には、公益を目的とする公益法人の他に、営利法人と中間法人とがあります。

営利法人とは、営利を目的とする法人すなわち専ら構成員の私益を目的とする法人をいいます。したがって、営利法人は、法人の企業利益を何らかの形で構成員に分配することになります。

他方、公益法人とは、公益を目的とする事業を行う法人で、社会福祉法人であれば、社会福祉事業を目的として、社会福祉法の定めるところにより設立された法人をいいます。

中間法人とは、目的が公益でも営利でもない法人をいい、例えば、同業者間の利益の増進、同一職場の者の地位向上を目的とするものなどをいいます。

以上のことをまとめると、法人は以下のように分類されます。

法人区分	法人種類	根拠法
公益法人	公益社団法人、公益財団法人	公益認定法
	宗教法人	宗教法人法
	学校法人	私立学校法
	社会福祉法人	社会福祉法
営利法人	株式会社、合名会社、合資会社、合同会社	会社法
中間法人	医療法人	医療法
	協同組合その他	各特別法

2 設　　立

1　概　　要

　社会福祉法人を設立するためには，以下の3つのステップを踏む必要があります。

　　ステップ1……定款作成
　　ステップ2……所轄庁の認可
　　ステップ3……設立登記

　そして，所轄庁の認可にあたっては，①どのような社会福祉事業を行うのか，②当該事業を安定的かつ継続的に行っていくだけの資産が確保できるのかといったことが重要となります。

　具体的な要件としては，例えば，以下のものがあります。
　①　社会福祉施設があるか
　②　社会福祉施設の用に供する不動産があるか
　③　原則として1億円以上の基本財産があるか

　それでは，以下で具体的な設立手続について説明します。

2　定款作成

　定款とは，社会福祉法人の根本法，いわば憲法です。

　定款作成にあたってのポイントは，次の①から⑮までの必要的記載事項の記載にあり，それらを1つでも欠いた場合，定款は無効となってしまうため注意が必要です。

① 目的
② 名称
③ 社会福祉事業の種類
④ 事務所の所在地
⑤ 評議員及び評議員会に関する事項
⑥ 役員(理事,監事)の定数その他役員に関する事項
⑦ 理事会に関する事項
⑧ 会計監査人を置く場合には,これに関する事項
⑨ 資産に関する事項
⑩ 会計に関する事項
⑪ 公益事業を行う場合には,その種類
⑫ 収益事業を行う場合には,その種類
⑬ 解散に関する事項
⑭ 定款の変更に関する事項
⑮ 公告の方法

会計監査人を置く法人においては,定款に以下の事項を加える必要があります。

① 会計監査人を置く旨
② 会計監査人の選解任方法
③ 会計監査人の職務及び権限
④ 会計監査人の任期
⑤ 会計監査人の報酬等

定款の具体例は,以下のとおりです。

社会福祉法人イクムス会定款（例）

第1章 総　則

（目　的）

第1条　この社会福祉法人（以下「法人」という。）は，多様な福祉サービスがその利用者の意向を尊重して総合的に提供されるよう創意工夫することにより，利用者が，個人の尊重を保持しつつ，自立した生活を地域社会において営むことができるよう支援することを目的として，次の社会福祉事業を行う。

(1) 第一種社会福祉事業
　(イ) 養護老人ホームイクムス園の設置経営
　(ロ) 養護施設イクムス学園の設置経営
(2) 第二種社会福祉事業
　　保育所イクムス保育園の設置経営

（名　称）

第2条　この法人は，社会福祉法人イクムス会という。

（経営の原則）

第3条　この法人は，社会福祉事業の主たる担い手としてふさわしい事業を確実に，効果的かつ適正に行うため，自主的にその経営基盤の強化を図るとともに，その提供する福祉サービスの質の向上並びに事業経営の透明性の確保を図るものとする。

（事業所の所在地）

第4条　この法人の事務所を東京都世田谷区上北沢1丁目1番地に置く。

2　前項のほか，従たる事務所を千葉県船橋市松が丘1丁目35番地1号に置く。

第2章 評議員

（評議員の定数）

第5条　この法人に評議員○○名以上○○名以内を置く。

（評議員の選任及び解任）

第6条　この法人に評議員選任・解任委員会を置き，評議員の選任及び解任は，評議員選任・解任委員会において行う。

2　評議員選任・解任委員会は，監事○名，事務局員○名，外部委員○名の合計○名で構成する。

3　選任候補者の推薦及び解任の提案は，理事会が行う。評議員選任・解任委員会の運営についての細則は，理事会において定める。

4　選任候補者の推薦及び解任の提案を行う場合には，当該者が評議員として適任及び不適任と判断した理由を委員に説明しなければならない。

5　評議員選任・解任委員会の決議は，委員の過半数が出席し，その過半数をもって行う。ただし，外部委員の○名以上が出席し，かつ，外部委員の○名以上が賛成することを要する。

（評議員の任期）
第7条　評議員の任期は，選任後4年以内に終了する会計年度のうち最終のものに関する定時評議員会の終結の時までとし，再任を妨げない。
2　評議員は，第5条に定める定数に足りなくなるときは，任期の満了又は辞任により退任した後も，新たに選任された者が就任するまで，なお評議員としての権利義務を有する。
（評議員の報酬等）
第8条　評議員に対して，〈例：各年度の総額が○○○○○○円を超えない範囲で，評議員会において別に定める報酬等の支給の基準に従って算定した額を，報酬として〉支給することができる。

第3章　評議員会

（構成）
第9条　評議員会は，全ての評議員をもって構成する。
（権限）
第10条　評議員会は，次の事項について決議する。
　(1)　理事及び監事〈並びに会計監査人〉の選任又は解任
　(2)　理事及び監事の報酬等の額
　(3)　理事及び監事並びに評議員に対する報酬等の支給の基準
　(4)　計算書類（貸借対照表及び収支計算書）及び財産目録の承認
　(5)　定款の変更
　(6)　残余財産の処分
　(7)　基本財産の処分
　(8)　社会福祉充実計画の承認
　(9)　その他評議員会で決議するものとして法令又はこの定款で定められた事項
（開催）
第11条　評議員会は，定時評議員会として毎年度○月に1回開催するほか，（○月及び）必要がある場合に開催する。
（招集）
第12条　評議員会は，法令に別段の定めがある場合を除き，理事会の決議に基づき理事長が招集する。
2　評議員は，理事長に対し，評議員会の目的である事項及び召集の理由を示して，評議員会の招集を請求することができる。
（決議）
第13条　評議員会の決議は，決議について特別の利害関係を有する評議員を除く評議員の過半数が出席し，その過半数をもって行う。
2　前項の規定にかかわらず，次の決議は，決議について特別の利害関係を有する評議員を除く評議員の〈例：3分の2以上〉に当たる多数をもって行わなければならない。
　(1)　監事の解任

(2)　定款の変更
　(3)　その他法令で定められた事項
3　理事又は監事を選任する議案を決議するに際しては，各候補者ごとに第１項の決議を行わなければならない。理事又は監事の候補者の合計数が第15条に定める定数を上回る場合には，過半数の賛成を得た候補者の中から得票数の多い順に定数の枠に達するまでの者を選任することとする。
4　第１項及び第２項の規定にかかわらず，評議員（当該事項について議決に加わることができるものに限る。）の全員が書面又は電磁的記録により同意の意思表示をしたときは，評議員会の決議があったものとみなす。
（議事録）
第14条　評議員会の議事については，法令で定めるところにより，議事録を作成する。
2　出席した評議員及び理事は，前項の議事録に記名押印する。

第４章　役員及び職員

（役員の定数）
第15条　この法人には，次の役員を置く。
　(1)　理事　　６名
　(2)　監事　　２名
2　理事のうち１名は，理事の互選により，理事長となる。
3　理事長以外の理事のうち，２名を業務執行理事とする。
4　理事長のみが，この法人を代表する。
5　役員の選任に当たっては，各役員について，その親族その他特殊の関係がある者が，理事のうちに２名を超えて含まれてはならず，監事のうちにこれらの者が含まれてはならない。
（役員の任期）
第16条　役員の任期は２年とする。ただし，補欠の役員の任期は，前任者の残任期間とする。
2　役員は再任されることができる。
3　理事長の任期は，理事として在任する期間とする。
（役員の選任等）
第17条　理事及び監事は，評議員会の決議によって選任する。
2　理事長及び業務執行理事は，理事会の決議によって理事の中から選定する。
（役員の報酬等）
第18条　役員の報酬については，評議員会の決議により勤務実態に即して支給することとし，役員の地位にあることのみによっては，支給しない。
2　役員には費用を弁償することができる。
（理事会）
第19条　理事会は，全ての理事をもって構成する。
2　理事会は，次の職務を行う。ただし，日常の業務として理事会が定めるものに

ついては理事長が専決し，これを理事会に報告する。
(1) この法人の業務執行の決定
(2) 理事の職務の執行の監督
(3) 理事長及び業務執行理事の選定及び解職
3　理事会は，理事長が招集する。
4　理事会の決議は，決議について特別の利害関係を有する理事を除く理事の過半数が出席し，その過半数をもって行う。
5　理事会の議事については，法令で定めるところにより，議事録を作成し，出席した理事及び監事は，前項の議事録に記名押印する。
（監事による監査）
第20条　監事は，理事の業務執行の状況及び法人の財産の状況を監査しなければならない。
2　監事は，前項の監査を行ったとき及び必要があると認めるときは，理事会に出席して意見を述べるものとする。
（職　員）
第21条　この法人に，職員若干名を置く。
2　この法人の設置経営する施設の長（以下「施設長」という。）は，理事会の議決を経て，理事長が任免する。
3　施設長以外の職員は，理事長が任免する。

第5章　資産及び会計

（資産の区分）
第22条　この法人の資産は，これを分けて基本財産の2種とする。
2　基本財産は，次の各号に掲げる財産をもって構成する。
(1) 千葉県船橋市松が丘1丁目35番地所在の木造瓦葺平屋建イクムス保育園園舎1棟（1,000平方メートル）
(2) 千葉県船橋市松が丘1丁目35番地所在のイクムス保育園敷地（5,000平方メートル）
3　運用財産は基本財産以外の財産とする。
4　基本財産に指定されて寄附された金品は，速やかに第2項に掲げるため，必要な手続をとらなければならない。
（基本財産の処分）
第23条　基本財産を処分し，又は担保に供しようとするときは，理事会及び評議員会の承認を得て，〔所轄庁〕の承認を得なければならない。ただし，次の各号に掲げる場合には，〔所轄庁〕の承認は必要としない。
1　独立行政法人福祉医療機構に対して基本財産を担保に供する場合
2　独立行政法人福祉医療機構と協調融資（独立行政法人福祉医療機構の福祉貸付が行う施設整備のための資金に対する融資と併せて行う同一の財産を担保とする当該施設整備のための資金に対する融資をいう。以下同じ。）に関する契約を結んだ民間金融機関に対して基本財産を担保に供する場合（協調融資に係る担保に

限る。)
(資産の管理)
第24条　この法人の資産は，理事会の定める方法により，理事長が管理する。
2　資産のうち現金は，確実な金融機関に預け入れ，確実な信託会社に信託し，又は確実な有価証券に換えて，保管する。
(特別会計)
第25条　この法人は，特別会計を設けることができる。
(予　算)
第26条　この法人の予算は，毎会計年度開始前に，理事長において編成し，理事総数の3分の2以上の同意を得なければならない。
(決算)
第27条　この法人の事業報告及び決算については，毎会計年度終了後，理事長が次の書類を作成し，監事の監査を受けたうえで，理事会の承認を受けなければならない。
　(1)　事業報告
　(2)　事業報告の附属明細書
　(3)　貸借対照表
　(4)　収支計算書（資金収支計算書及び事業活動計算書）
　(5)　貸借対照表及び収支計算書（資金収支計算書及び事業活動計算書）の附属明細書
　(6)　財産目録
2　前項の承認を受けた書類のうち，第1号，第3号，第4号及び第6号の書類については，定時評議員会に提出し，第1号の書類についてはその内容を報告し，その他の書類については承認を受けなければならない。
3　第1項の書類のほか，次の書類を主たる事務所に5年間（，また，従たる事務所に3年間）備え置き，一般の閲覧に供するとともに，定款を主たる事務所（及び従たる事務所）に備え置き，一般の閲覧に供するものとする。
　(1)　監査報告
　(2)　理事及び監事並びに評議員の名簿
　(3)　理事及び監事並びに評議員の報酬等の支給の基準を記載した書類
　(4)　事業の概要等を記載した書類
(会計年度)
第28条　この法人の会計年度は，毎年4月1日に始まり，翌年3月31日をもって終わる。
(会計処理の基準)
第29条　この法人の会計に関しては，法令等及びこの定款に定めのあるもののほか，理事会において定める経理規程により処理する。
(臨機の措置)
第30条　予算をもって定めるもののほか，新たに義務の負担をし，又は権利の放棄をしようとするときは，理事総数の3分の2以上の同意がなければならない。

第6章　解散及び合併

（解　散）
第31条　この法人は，社会福祉法第46条第１項第１号及び第３号から第６号までの解散事由により解散する。

（残余財産の帰属）
第32条　解散（合併又は破産による解散を除く。）した場合における残余財産は，補油議員会の決議を得て，社会福祉法人並びに社会福祉事業を行う学校法人及び公益財団法人のうちから選出されたものに帰属する。

（合　併）
第33条　合併しようとするときは評議員会の決議を得て，〔所轄庁〕の認可を受けなければならない。

第7章　定款の変更

（定款の変更）
第34条　この定款を変更しようとするときは，評議員会の決議を得て，〔所轄庁〕の認可（社会福祉法第43条第１項に規定する厚生労働省令で定める事項に係るものを除く。）を受けなければならない。
2　前項の厚生労働省令で定める事項に係る定款の変更をしたときは，遅滞なくその旨を〔所轄庁〕に届け出なければならない。

第8章　公告の方法その他

（公告の方法）
第35条　この法人の公告は，社会福祉法人イクムス会の掲示場に掲示するとともに，○○新聞に掲載して行う。

（施行細則）
第36条　この定款の施行についての細則は，理事会において定める。

附　則

この法人の設立当初の役員及び評議員は，次のとおりとする。ただし，この法人の成立後遅滞なく，この定款に基づき，役員の選任を行うものとする。

理　事　長	○○○○		評　議　員	○○○○
理　　　事	○○○○		〃	○○○○
〃	○○○○		〃	○○○○
〃	○○○○		〃	○○○○
〃	○○○○		〃	○○○○
〃	○○○○		〃	○○○○
〃	○○○○		〃	○○○○
監　　　事	○○○○			
〃	○○○○			

3　所轄庁の認可

　社会福祉法人の設立において，所轄庁の認可は，重要かつたいへんなことと思われます。
　そのためには，まず，定款及び次の事項を記載した設立認可申請書を作成・提出しなければなりません。

① 　設立者又は設立代表者の氏名及び住所
② 　法人の名称及び主たる事務所の所在地
③ 　設立の趣意
④ 　役員及び評議員となるべき者の氏名及び各役員となるべき者について，他の役員となるべき者のうちに，その者と婚姻関係又は3親等以内の親族関係にある者がいるときは，その氏名及びその者との続柄

　設立認可申請書の様式は，以下のとおりです。

様式1　社会福祉法人設立認可申請書

（表　　面）

社会福祉法人設立認可申請書		
設立者又は設立代表者	住　所	
	氏　名	実印
申　請　年　月　日		
社会福祉法人設立の趣意		
主たる事務所の所在地		
法人の名称（ふりがな）		
事業の種類	社会福祉事業	第一種
		第二種
	公益事業	
	収益事業	

I　社会福祉法人

（裏　　面）

資産	純　額 ⑤－⑥	内　　　　　訳					⑥負債
		社会福祉事業用財産		③公益事業用財産	④収益事業用財産	⑤積極財産 ①+②+③+④	
		①基本財産	②運用財産				
	円	円	円	円	円	円	0円

役員となるべき者	理事監事の別	氏　名	代表権の有無	親族等の特殊関係人の有無	役員の資格等(該当に○)				他の社会福祉法人の代表者への就任状況	
					学識経験者	地域福祉関係者	施設長	その他	有無	法人名
	理事長									
	理事									
	監事									
	評議員									

（注１）記載事項が多いため記入しきれないときは、適宜Ａ４の用紙を追加し、この様式に準じた申請書を作成すること。申請書には、社会福祉法施行規則第２条第２項及び３項に掲げる書類を添付すること。

（注２）監事のうち、財務諸表が読める者については、その他欄に○をつけ（財務）と記入すること。

次に，添付書類としては，以下のものが必要ですが，さらに必要に応じて不動産の価格評価書等が必要となる場合がありますから注意して下さい。

① 設立当初において当該法人に帰属すべき財産の財産目録（基本財産及び運用財産，公益事業用財産及び収益事業用財産をそれぞれ区分して記載したものとする）及び当該財産が当該法人に確実に帰属することを明らかにすることができる書類
② 当該法人がその事業を行うために前号の財産目録に記載された不動産以外の不動産の使用を予定している時は，その使用の権限が当該法人に確実に帰属することを明らかにすることができる書類
③ 設立当初の会計年度及び次の会計年度における事業計画書及びこれに伴う収支予算書
④ 設立者の履歴書
⑤ 設立代表者を定めた時は，その権限を証明する書類
⑥ 役員及び評議員となるべき者の履歴書及び就任承諾書

添付書類の様式は，次のとおりです。

様式2　財産目録

　　　　　　　　　　　　　　　　　　　　　　　　　　　社会福祉法人〇〇会

　　　　　　　　　　　　財　産　目　録　（注1）

I　資産の部
　　　　　　　　　　　　　　　　　　　　　　　　　　　　　　　　円

　1　基本財産
　　　　　　　　　　　　　　　　　　　　　円

　　（内　訳）
　　（1）土地　（注2）
　　　　　　　　　　　　　　　　　　　　　　　　　　　　m^2
　　　　m^2単価　　　　　円　　　総額　　　　　円
　　（2）建物　（注3）
　　　　　　　　　　　　　　　　　　　　　　　　　　　円
　　（3）基本財産基金　　　　　　　　　　　　　　　円

　2　運用財産
　　　　　　　　　　　　　　　　　　　　　円

　　（内　訳）
　　（1）建設自己資金　　　　　　　　　　　　　　　円
　　（2）運転資金　　　　　　　　　　　　　　　　　円
　　（3）法人事務費　　　　　　　　　　　　　　　　円
　　（4）什器備品　（注4）　　　　　　　　　　　　　円
　　（5）権　利　　　　　　　　　　　　　　　　　　円

II　負債の部　（注5）　　　　　　　　　　　　　　0円

III　差引正味財産　　　　　　　　　　　　　　　　円

（注1）法人設立時の、贈与契約に基づき法人が取得する財産について記載すること。
　　　　（不要な項目は削除する。）
（注2）土地は、不動産登記事項証明書のとおりに1筆ごとに記入すること。
（注3）建物の贈与を受ける場合は、不動産登記事項証明書のとおりに1筆ごとに記入すること。
（注4）什器備品の贈与を受ける場合に記載する。
（注5）負債を抱えての法人設立は原則として認めないため、0円となる。

様式3　法人設立時財産贈与契約書

(注1)

贈　与　契　約　書

○○○○（以下「甲」という。）と社会福祉法人○○○会設立代表者○○○○（以下「乙」という。）は、次のとおり贈与契約を締結した。

第1条　甲は、社会福祉法人○○○会の設立が認可されたときは、同法人の○○資金として金○○○○○○円、資産として別記目録記載の財産金○○○○○○円を同法人に贈与することを約し、乙はこれを承諾した。

第2条　甲は、前条による贈与を同法人設立後1週間以内に行わなければならない。

第3条　社会福祉法人○○○会の設立の認可が得られないときは、この契約は無効とし、これにより損害が発生した場合、甲は、損害の賠償を請求することができない。

第4条　この契約に定めていない事項については、甲、乙は誠意をもって協議のうえ決定するものとする。

上記契約を証するため、同文2通を作成し、甲、乙署名捺印のうえ各1通を所持する。

　　　平成　　年　　月　　日（注2）

　　　　　甲　住所
　　　　　　　氏名　　　　　　　　　　　　　　実印

　　　　　乙　住所
　　　　　　　社会福祉法人○○会設立代表者（注3）
　　　　　　　氏名　　　　　　　　　　　　　　実印

（注1）法人設立認可申請書には契約書原本の写しを添付し、契約書の原本は関係者がそれぞれ保管する。
（注2）設立決議により設立代表者に権限を委任した日以降で、法人設立認可申請をする日以前の日付とすること。
（注3）設立代表者が贈与する場合は、代理人を選任すること。（設立代表者代理人と表記）
（注4）別記目録を作成する場合は、贈与契約書との間に割印を押印すること。
（注5）<u>第1条の例</u>　同法人の建設自己資金として○○円、運転資金として○○円、法人事務費として○○円・・など。

Ⅰ　社会福祉法人

別　記

　　　　　　　　　　目　　　録

1　土　地（注2）
　　新宿区〇〇町〇〇丁目〇〇番所在の土地1筆　　　　　㎡

2　建　物（注3）
　　新宿区〇〇町〇〇丁目〇〇番地所在の〇〇造〇建建物
　　　　　　　　　　　　　　1棟　延べ　　　　　　　㎡

3　什器備品（注4）（別紙明細書のとおり）　　　　　　円

4　権　利　　　　　　　　　　　　　　　　　　　　　円

（注1）必要項目のみ記載する。贈与内容はなるべく贈与契約書中に記載する。
（注2）登記事項証明書記載のとおりに記入する。土地の一部のみ贈与する場合は、分筆登記後の登記事項証明書により記入する。
（注3）建物の贈与を受けるときに記入する。建設中の建物は記入しない。
（注4）什器備品については、減価償却後の現在価額とする。

様式4　地方公共団体の補助金交付確約書

　　　　　　　　　　　　　　　　　　　　　　　　　記　号　番　号
　　　　　　　　　　　　　　　　　　　　　　　　　年　　月　　日

　　　　　　　　　　　　　補助金交付確約書

社会福祉法人〇〇会

　　設立代表者　　　〇〇〇〇様

　　　　　　　　　　　　　　　　　　　新宿区（市町村）長

　　　　　　　　　　　　　　　　　　　　氏　　名　　　公印

　社会福祉法人〇〇会の設立が認可されたときは、〇〇資金として、

金〇〇〇〇〇〇〇〇円を交付することを確約いたします。

様式5　地方公共団体の補助金予定通知書

記　号　番　号
年　　月　　日

補助金予定通知書

社会福祉法人○○会

　　設立代表者　　　　○○○○様

新宿区（市町村）長

氏　　名　　　公印

　社会福祉法人○○会の設立が認可されたときは、○○資金として、金○○○○○○○○円を、議会の議決を得て補助する予定です。

様式6　所有権移転登記確約書

所有権移転登記確約書

　社会福祉法人○○会の設立が認可されたときは、下記の財産について、ただちに貴法人に対し所有権移転登記を行うことを確約いたします。

平成　　年　　月　　日

住所

氏名（所有者）　　　　実印

社会福祉法人○○会

　　設立代表者　　○○○○様（注1）

記

1　土地
　　新宿区○○町○○丁目○○番所在の土地1筆　　　　㎡

2　建物
　　新宿区○○町○○丁目○○番地○○号所在の○○造
　　○階建建物1棟
　　　　　　　　　　　　　　延べ　　　　　㎡

（注1）設立代表者が確約する場合は、選任した代理人とする。

様式7　土地の無償貸与確約書

記　号　番　号
年　　月　　日

土地の無償貸与確約書

社会福祉法人○○会

　　設立代表者　　　　○○○○様

住所

氏名　　　　　　　印

　社会福祉法人○○会の設立が認可されたときは、　　　が所有する下記の土地について、無償貸与することを確約します。

記

地　番	地　目	地　積（㎡）
1		
2		

様式8　地上権設定契約書

(注1)

地上権設定登記誓約書

このたび、○○○○用地として地上権設定契約の締結を行った土地については、法人設立後直ちに地上権の登記を設定することを誓約いたします。

平成　　年　　月　　日

東京都○○区○○町○○丁目○○番○○号

氏名（所有者）　　　　　　実印

新　宿　区　長　様

(注1) 法人設立認可申請書には誓約書原本を添付すること。

様式9　地上権設定登記誓約書

(注1)

地上権設定登記誓約書

　このたび、○○○○用地として地上権設定契約の締結を行った土地については、法人設立後直ちに地上権の登記を設定することを誓約いたします。

　　平成　　年　　月　　日

　東京都○○区○○町○○丁目○○番○○号

　　　　　　氏名（所有者）　　　　　　実印

　新　宿　区　長　様

（注1）法人設立認可申請書には誓約書原本を添付すること。

様式10　土地賃貸借契約書

(注1)

土　地　賃　貸　借　契　約　書

　貸地人○○○○（以下「甲」という。）と、借地人社会福祉法人○○会設立代表者○○○○（以下「乙」という。）は、土地の賃貸借に関し、次のとおり契約を締結する。

（目的）
第1条　甲は、その所有にかかる末尾記載の土地を乙が設置経営する特別養護老人ホームの敷地にあてるため賃貸する。
（契約期間）
第2条　前条の賃貸の契約期間は、　　年　　月　　日から前条の目的によって使用する期間とする。（注2）
（賃借料）
第3条　賃借料は○○円とする。
（登記）
第4条　甲は、乙に対し、この契約締結と同時に賃借権設定登記承諾書を提出するものとする。
（転貸の禁止）
第5条　乙は、この契約にかかる土地を他に転貸してはならない。
（契約の解除）
第6条　乙が正当な理由がなくこの契約の各条項に違背したときは、甲はこの契約を解除することができる。
　2　乙はその都合により、いつでもこの契約の解除を甲に申し入れることができる。
（返還）
第7条　乙は、この契約による土地を返還する場合、原形に復した後、返還しなければならない。ただし、甲の承認を得た場合はこの限りでない。
（その他）
第8条　以上に定めるもののほか、疑義の生じた場合は、甲乙協議のうえ決定する。

　この契約が甲乙両者間に成立したことを証し、かつこれを遵守するため2通を作成し、各1通を保持する。

　　　　平成　　年　　月　　日
　　　　甲　　東京都○○区○○町○○丁目○○番○○号
　　　　　　　氏名　　　　　　　　　　　　実印
　　　　乙　　東京都新宿区○○町○○丁目○○番○○号
　　　　　　　社会福祉法人○○会設立代表者　実印
　　　　土地の表示
　　　　　1　所在地　　東京都○○区○○町○○丁目○○番
　　　　　2　地目　　　宅地
　　　　　3　公簿面積　　　　㎡

（注1）法人設立認可申請書には契約書原本の写しを添付すること。
（注2）10年、20年と期間を限ったものは認められない。

様式11　賃借権登記誓約書

(注1)

賃借権登記誓約書

　このたび、○○○○用地として賃貸借契約の締結を行った借地人社会福祉法人○○会設立代表者○○○○氏との土地の賃貸借については、法人設立後直ちに賃借権の登記を設定することを誓約いたします。

　　　平成　　年　　月　　日

　　　　　　東京都○○区○○町○○丁目○○番○○号

　　　　　　　　氏名（貸地人）　　　　　　実印

　　　新　宿　区　長　様

（注１）法人設立認可申請書には誓約書原本を添付すること。

様式12-1　事業計画書（例）（特別養護老人ホーム）

○○年度特別養護老人ホーム○○園事業計画書

1　利用定員
2　職員定数
3　事業開始予定年月日
4　事業運営基本計画
　施設の健全な環境の確保に努め、利用者の人間性を尊重し、明るく楽しい施設にし、利用者が安心して生活できるように努める。
5　利用者の処遇
（1）生活援助
　　利用者の基本的人権を尊重し、暖かい愛情のもとに無差別平等に処遇し、利用者の心身の健康保持と機能の回復に努める。
（2）給食
　　給食については、熱量及び蛋白質、脂肪の栄養等配合に留意し、利用者の身体状況に応じ考慮するとともに、楽しい食事ができるように努める。
（3）環境の整備
　　施設内の美化と利用者身辺の整理整頓に努め、特に換気、通気に注意する。布団は常に清潔にし、寝巻、下着類についても洗濯に努め、清潔なものを用いるようにこころがける。
6　健康管理
　利用者の実態を的確に把握し、常勤医師と常に連絡をとり、疾病の予防に努める。
7　防災計画
　　施設長　　　　　　　　　総指揮
　　事務員　　　　　　　　　連絡担当
　　生活相談員　　　　　　　報告担当
　　介護職員その他の職員　　救助担当
8　日　課
　　起床洗面　　　　　　　　6：00
　　朝食　　　　　　　　　　8：00
　　リハビリ体操、機能回復訓練　9：00
　　入浴　　　　　　　　　　9：30〜11：00
　　お茶　　　　　　　　　　10：00
　　昼食　　　　　　　　　　11：30
　　おやつ　　　　　　　　　15：00
　　回診　　　　　　　　　　15：00〜16：00
　　夕食　　　　　　　　　　18：00

就寝消灯　　　　　　　　　２１：００
　　おむつ交換　　　　　　　　定時及びその他必要の都度随時

9　職員名簿

職名（注１）	氏名（注２）	資格	年齢
施設長			
事務員			
生活相談員			
介護職員			
〃			
医師			
看護師			
〃			
栄養士			
調理員			
機能訓練指導員			
介護支援相談員			

10　資金計画（注３）
　　別紙収支予算書のとおり

（注１）必要職種すべてについて記入する。
（注２）選考中で未定の場合、その旨記入する。
（注３）社会福祉事業ごとに作成する（老人短期入所事業、老人デイサービス事業等）。

様式12-2　事業計画書（例）（保育所）

○○年度○○保育園事業計画書

1　保育園の運営
（1）所在地

（2）定員

0歳児	1歳児	2歳児	3歳児	4歳児以上	合　計
人	人	人	人	人	人

（3）職員定数

（4）事業開始年月日（予定）

2　保育目標
　　通園児童は、保護者との接触の機会に恵まれないものが多いため、本園においては、児童の精神的安定を図るとともに、清潔のしつけ、規律ある生活習慣の体得を図る。

（1）保育時間　午前　　時　　分から午後　　時　　分
　　ただし、児童の保護者の状況により伸縮させる。

（2）保育内容
　　デイリープログラム（日課）については、児童の年齢に応じ保育士と園長が協議して定めるが、おやつの支給、お昼寝等は必ず含まれるように配慮する。
　　月間及び年間計画等については、職員会議で協議して定める。

（3）保育担当者
　　担当保育士を定め、園長は総括的指揮をとることとする。
　　調理担当は別に定める。

3　職員名簿

職名(注1)	氏名(注2)	資格	年齢
園長			
主任保育士			
保育士			
〃			
〃			
〃			
〃			
調理員			
用務員			

　その他、○○区○○所在の○○医院の○○○○医師を嘱託医とする。

4　保育設備
（1）園舎、園庭の概要
（2）備品等の設備の概要

5　資金計画

（注1）必要職種すべてについて記入する。
（注2）選考中で未定の場合、その旨記入する。

様式13　資金収支予算明細書

社会福祉事業区分　資金収支予算明細書
（自）平成〇〇年〇〇月〇〇日　　（至）平成〇〇年〇〇月〇〇日

社会福祉法人名　〇〇会　　　　　　　　　　　　　　　　　　　　　　　　（単位：円）

勘定科目	拠点区分			合計	内部取引消去	事業区分合計
	本部	特養〇〇ホーム	都市型ケアハウス〇〇園			
介護保険事業収入						
施設介護料収入						
介護報酬収入						
利用者負担金収入（公費）						
利用者負担金収入（一般）						
居宅介護料収入						
（介護報酬収入）						
介護報酬収入						
介護予防報酬収入						
（利用者負担金収入）						
介護負担金収入（公費）						
介護負担金収入（一般）						
介護予防負担金収入（公費）						
介護予防負担金収入（一般）						
地域密着型介護料収入						
（介護報酬収入）						
介護報酬収入						
介護予防報酬収入						
（利用者負担金収入）						
介護負担金収入（公費）						
介護負担金収入（一般）						
介護予防負担金収入（公費）						
介護予防負担金収入（一般）						
居宅介護支援介護料収入						
居宅介護支援介護料収入						
介護予防支援介護料収入						
利用者等利用料収入						
施設サービス利用料収入						
居宅介護サービス利用料収入						
地域密着型介護サービス利用料収入						
食費収入（公費）						
食費収入（一般）						
居住費収入（公費）						
居住費収入（一般）						
その他の利用料収入						
その他の事業収入						
補助金事業収入						
市町村特別事業収入						
受託事業収入						
その他の事業収入						
（保険等査定減）						
老人福祉事業収入						
措置事業収入						
事務費収入						
事業費収入						
その他の利用料収入						
その他の事業収入						
運営事業収入						
管理費収入						
その他の利用料収入						
補助金事業収入						

勘定科目	拠点区分			合計	内部取引消去	事業区分合計
	本部	特養〇〇ホーム	都市型ケアハウス〇〇園			
その他の事業収入						
その他の事業収入						
管理費収入						
その他の利用料収入						
その他の事業収入						
児童福祉事業収入						
措置事業収入						
事務費収入						
事業費収入						
私的契約利用料収入						
その他の事業収入						
補助金事業収入						
受託事業収入						
その他の事業収入						
保育事業収入						
保育所運営費収入						
私的契約利用料収入						
私立認定保育所利用料収入						
その他の事業収入						
補助金事業収入						
受託事業収入						
その他の事業収入						
就労支援事業収入						
〇〇事業収入						
障害福祉サービス等事業収入						
自立支援給付費収入						
介護給付費収入						
特例介護給付費収入						
訓練等給付費収入						
特例訓練等給付費収入						
サービス利用計画作成費収入						
障害児施設給付費収入						
利用者負担金収入						
補足給付費収入						
特定障害者特別給付費収入						
特例特定障害者特別給付費収入						
特定入所障害児食費等給付費収入						
特定費用収入						
その他の事業収入						
補助金事業収入						
受託事業収入						
その他の事業収入						
（保険等査定減）						
生活保護事業収入						
措置事業収入						
事務費収入						
事業費収入						
授産事業収入						
〇〇事業収入						
利用者負担金収入						
その他の事業収入						
補助金事業収入						
受託事業収入						
その他の事業収入						

	勘定科目	拠点区分			合計	内部取引消去	事業区分合計
		本部	特養○○ホーム	都市型ケアハウス○○園			
事業活動による収支	収入	医療事業収入						
		入院診療収入						
		室料差額収入						
		外来診療収入						
		保健予防活動収入						
		受託検査・施設利用料収入						
		訪問看護療養費収入						
		訪問看護利用料収入						
		訪問看護基本利用料収入						
		訪問看護その他の利用料収入						
		その他の医療事業収入						
		補助金事業収入						
		受託事業収入						
		その他の医療事業収入						
		（保険等査定減）						
		○○事業収入						
		○○事業収入						
		その他の事業収入						
		補助金事業収入						
		受託事業収入						
		その他の事業収入						
		○○収入						
		○○収入						
		借入金利息補助金収入						
		経常経費寄附金収入						
		受取利息配当金収入						
		その他の収入						
		受入研修費収入						
		利用者等外給食費収入						
		雑収入						
		流動資産評価益等による資金増加額						
		有価証券売却益						
		有価証券評価益						
		為替差益						
		事業活動収入計(1)						
		人件費支出						
		役員報酬支出						
		職員給料支出						
		職員賞与支出						
		非常勤職員給与支出						
		派遣職員費支出						
		退職給付支出						
		法定福利費支出						
		事業費支出						
		給食費支出						
		介護用品費支出						
		医薬品費支出						
		診療・療養等材料費支出						
		保険衛生費支出						
		医療費支出						
		被服費支出						
		教養娯楽費支出						
		日用品費支出						
		保育材料費支出						

勘定科目		拠点区分			合計	内部取引消去	事業区分合計
		本部	特養○○ホーム	都市型ケアハウス○○園			
	本人支給金支出						
	水道光熱費支出						
	燃料費支出						
	消耗器具備品費支出						
	保険料支出						
	賃借料支出						
	教育指導費支出						
	就職支度費支出						
	葬祭費支出						
	車両費支出						
	管理費返還支出						
	○○費支出						
	雑支出						
事務費支出							
	福利厚生費支出						
	職員被服費支出						
	旅費交通費支出						
	研修研究費支出						
	事務消耗品費支出						
	印刷製本費支出						
	水道光熱費支出						
	燃料費支出						
	修繕費支出						
	通信運搬費支出						
	会議費支出						
	広報費支出						
	業務委託費支出						
	手数料支出						
	保険料支出						
	賃借料支出						
	土地・建物賃借料支出						
	租税公課支出						
	保守料支出						
	渉外費支出						
	諸会費支出						
	○○費支出						
	雑支出						
就労支援事業支出							
	就労支援事業販売原価支出						
	就労支援事業販管費支出						
授産事業支出							
	○○事業支出						
○○支出							
利用者負担軽減額							
支払利息支出							
その他の支出							
	利用者等外給食費支出						
	雑支出						
流動資産評価損等による資金減少額							
	有価証券売却損						
	資産評価損						
		有価証券評価損					
		○○評価損					

	勘定科目	拠点区分			合計	内部取引消去	事業区分合計
		本部	特養○○ホーム	都市型ケアハウス○○園			
	為替差損						
	徴収不能額						
	事業活動支出計(2)						
	事業活動資金収支差額(3)＝(1)－(2)						
施設整備等による収支	収入						
	施設整備等補助金収入						
	施設整備等補助金収入						
	設備資金借入金元金償還補助金収入						
	施設整備等寄附金収入						
	施設整備等寄附金収入						
	設備資金借入金元金償還寄附金収入						
	設備資金借入金収入						
	固定資産売却収入						
	車輌運搬具売却収入						
	器具及び備品売却収入						
	○○売却収入						
	その他の施設整備等による収入						
	○○収入						
	施設整備等収入計(4)						
	支出						
	設備資金借入金元金償還支出						
	固定資産取得支出						
	土地取得支出						
	建物取得支出						
	車輌運搬具取得支出						
	器具及び備品取得支出						
	○○取得支出						
	固定資産除却・廃棄支出						
	ファイナンス・リース債務の返済支出						
	その他の設備整備等による支出						
	○○支出						
	施設整備等支出計(5)						
	施設整備等資金収支差額(6)＝(4)－(5)						
その他の活動による収支	収入						
	長期運営資金借入金元金償還寄附金収入						
	長期運営資金借入金収入						
	長期貸付金回収収入						
	投資有価証券売却収入						
	積立資産取崩収入						
	退職給付引当資産取崩収入						
	長期預り金積立資産取崩収入						
	○○積立資産取崩収入						
	事業区分間長期借入金収入						
	拠点区分間長期借入金収入						
	事業区分間長期貸付金回収収入						
	拠点区分間長期貸付金回収収入						
	事業区分間繰入金収入						
	拠点区分間繰入金収入						
	その他の活動による収入						
	法人設立時基本財産寄附金収入						
	○○収入						
	その他の活動収入計(7)						
	支出						
	長期運営資金借入金元金償還支出						
	長期貸付金支出						
	投資有価証券取得支出						
	積立資産支出						
	退職給付引当資産支出						

勘定科目	拠点区分			合計	内部取引消去	事業区分合計
	本部	特養〇〇ホーム	都市型ケアハウス〇〇園			
長期預り金積立資産支出						
〇〇積立資産支出						
事業区分間長期貸付金支出						
拠点区分間長期貸付金支出						
事業区分間長期借入金返済支出						
拠点区分間長期借入金返済支出						
事業区分間繰入金支出						
拠点区分間繰入金支出						
その他の活動による支出						
基本財産定期預金支出						
〇〇支出						
その他の活動支出計(7)						
その他の活動資金収支差額(9)=(7)-(8)						
予備費支出(10)						
当期資金収支差額(11)=(3)+(6)+(9)-(10)						

前期末支払資金残高(12)						
当期末支払資金残高(11)+(12)						

※この様式は、社会福祉法人会計基準　第1号の4様式（〇〇拠点区分　資金収支計算書の予算欄を拠点区分ごとに作成し、事業区分ごとに合計したものです。

様式14　設立者・役員・評議員一覧表

役職名	氏名	生年月日	年齢	住所	電話番号	現職または職歴（選任区分の参考となる職歴）	関係文書発行年月日							法令等に定める用件の充足状況					
							設立代表者からの委任状	履歴書	身分証明書	申立書	印鑑登録証明書	登記されていないことの証明書	贈与契約書等	親族その他特殊関係人の有無	社会福祉法第36条第4項に定める欠格条項該当の有無	選任区分			（該当に○）
																学識経験者	地域の福祉関係者	施設長等	その他	財務諸表を監査し得る者
理事長																				
理事																				
理事																				
理事																				
理事																				
理事																				
理事																				
理事																				
監事																				
監事																				
評議員																				
評議員																				
評議員																				
評議員																				
評議員																				
評議員																				
評議員																				

Ⅰ　社会福祉法人

様式15　履歴書

履　歴　書

平成　　年　　月　　日作成

フリガナ		実印
氏　名		
生年月日	年　月　日（満　　歳）　　性別	
住　所	〒　　　　　　　　　　　　　　　（　　）	

※印鑑登録証明書どおりに記載すること。

《学歴》

学　校　名	学部学科名	期　　　　間	資　格
		年　月　日～　　年　月　日	卒　　年退

《職歴》

勤　務　先	在　職　期　間	職　務　内　容	役　職
	年　月　日～　　年　月　日		

《現職》

勤　務　先	在　職　期　間	職　務　内　容	役　職
	年　月　日　～　現　在		

現在従事している職について、職歴とは別に全て記入すること。

《他法人役員経歴》

勤　務　先	在　職　期　間	職　務　内　容	役　職
	年　月　日～　年　月　日		

他法人役員経歴については、職歴とは別記すること。

《その他兼務職歴》（例：民生委員・任意団体等の役員歴）

勤　務　先　等	在　職　期　間	職　務　内　容	役　職
	年　月　日～　年　月　日		

《資格・免許》

名　称（種　別）	登録年月日及び登録番号		取扱機関
	年　月　日	No.	

《他の理事予定者との関係》

氏　　　名	関　　係

※歴については、欄の上から**古い順に**記載すること
※役員（理事・監事）の各種要件に該当する職歴等は必ず記入すること

様式16　欠格事項に該当しないことの申立書

申　立　書

　社会福祉法人○○会の理事に就任することにあたり、社会福祉法第36条に規定する役員の欠格条項に該当しないことを申し立てます。

　　　平成　　年　　月　　日

　　　　　　　　　　住　所

　　　　　　　　　　氏　名　　　　　　　　　　　実印

社会福祉法人○○会

　　設立代表者　　　○○○○　様

社会福祉法（役員の定数、任期、選任及び欠格）
第36条　社会福祉法人には、役員として、理事3人以上及び監事1人以上を置かなければならない。
2　役員の任期は、2年を超えることはできない。ただし、再任を妨げない。
3　役員のうちには、各役員について、その役員、その配偶者及び3親等以内の親族が役員の総数の2分の1を超えて含まれることになってはならない。
4　次の各号のいずれかに該当する者は、社会福祉法人の役員になることができない。
　1. 成年被後見人又は被保佐人
　2. 生活保護法、児童福祉法、老人福祉法、身体障害者福祉法又はこの法律の規定に違反して刑に処せられ、その執行を終わり、又は執行を受けることがなくなるまでの者
　3. 前号に該当する者を除くほか、禁錮以上の刑に処せられ、その執行を終わり、又は執行を受けることがなくなるまでの者
　4. 第56条第4項の規定による所轄庁の解散命令により解散を命ぜられた社会福祉法人の解散当時の役員

様式17　設立代表者の権限を証する委任状（設立代表者が設立に関する一切の権限を有する場合）

委　任　状

住　所（注1）
氏　名（注1）

　上記の者に社会福祉法人〇〇会の設立代表者として設立に関し必要な一切の権限を委任する。

平成　　年　　月　　日（注2）

設立者　　住　所（注3）
　　　　　氏　名　　　　　　実印

（注1）設立代表者の住所、氏名は印鑑登録証明書記載のとおりに記入する。
（注2）贈与契約書より前の日付を記入する。
（注3）設立代表者以外の理事、監事分を作成する。（住所、氏名は印鑑登録証明書記載のとおりに記入する。）

様式18　設立代表者の権限を証する委任状（贈与者が設立代表者の場合）

委　任　状

　　　　　　　　　　　　　　　　　住　　所
　　　　　　　　　　　　　　　　　氏　　名

　上記の者に社会福祉法人〇〇会の設立代表者として設立に関し必要な権限（〇〇〇〇〈設立代表者氏名〉の贈与契約（注３）に係る部分を除く。）の一切を委任する。

　　平成　　　年　　月　　日（注２）

　　設立者　　住　所　（注３）

　　　　　　　氏　名　　　　　　　実印

(注１) 設立代表者の住所、氏名は印鑑登録証明書記載のとおりに記入する。
(注２) 贈与契約書より前の日付を記入する。
(注３) 設立代表者以外の理事、監事分を作成する（住所、氏名は印鑑登録証明書記載のとおりに記入する。）。

様式19　設立代表者の権限を証する委任状（代理人を選任する場合）

委　任　状

住　所（注１）
氏　名（注１）

　上記の者に社会福祉法人○○会と○○○○〈設立代表者氏名〉との贈与契約に係る権限を委任する。　　　　　　　　　　　　　　　　　　　　　（注２）

　平成　　年　　月　　日　（注３）

　　設立者　　住　所　（注４）
　　　　　　　氏　名　　　　　　　実印

（注１）設立代表者代理人の住所、氏名は印鑑登録証明書記載のとおりに記入する。
（注２）贈与契約以外にも地上権設定契約等の案件がある場合は適当な文書に書き換える。
（注３）贈与契約書より前の日付を記入する。
（注４）設立代表者代理人以外の理事、監事分を作成する。
　　　　（住所、氏名は印鑑登録証明書記載のとおりに記入する。）

様式20　役員就任承諾書

理事（注1）就任承諾書

社会福祉法人〇〇会理事（注1）に就任することを承諾します。

　　　平成　　年　　月　　日（注2）

　　　　　　　　　住　所

　　　　　　　　　氏　名　　　　　　　　　実印（注3）

社会福祉法人〇〇会

　　　設立代表者　　〇〇〇〇　様

（注1）監事または評議員就任承諾書は、理事の文言を監事または評議員に換えて作成する。
（注2）設立者全員の委任状作成日以降の日付を記入する。
（注3）設立代表者の分も作成する。

様式21　評議員一覧表

役職名	氏名	生年月日	年齢	住所	電話番号	現職 (選任区分の参考となる職歴)	理事との兼務	法令等に定める用件の充足状況			選任区分（該当に○）			
								親族等特殊の関係者	社会福祉法第4項第3号のある6条該当に法定の有無	学識経験者	地域の福祉関係者	地域の代表	施設長等	その他
評議員														
評議員														
評議員														
評議員														
評議員														
評議員														
評議員														
評議員														
評議員														
評議員														
評議員														
評議員														
評議員														

Ⅰ　社会福祉法人

様式22　施設建設契約書

施 設 建 設 等 計 画 書

社会福祉法人〇〇会

1　施設名
2　経営主体
3　設置場所
4　定員
5　敷地の面積
6　規模及び構造
　　1階床面積　　　　　　　　　㎡
　　2階床面積　　　　　　　　　㎡
　　延べ床面積　　　　　　　　　㎡
7　配置図及び平面図　　別紙のとおり
8　用地取得計画
（1）収入　　　　　　　　　　　　　　　　円
　　〇〇区（市町村）補助金　　　　　　　　円
　　自己資金　　　　　　　　　　　　　　　円
（2）支出　　　　　　　　　　　　　　　　円
　　土地購入費　　　　　　　　　　　　　　円
9　施設整備資金計画
（1）収入　　　　　　　　　　　　　　　　円
　　国・都補助金　　　　　　　　　　　　　円
　　〇〇区（市町村）補助金　　　　　　　　円
　　独立行政法人福祉医療機構借入金　　　　円
　　自己資金　　　　　　　　　　　　　　　円
（2）支出　　　　　　　　　　　　　　　　円
　　建設工事費　　　　　　　　　　　　　　円
　　初度調弁費　　　　　　　　　　　　　　円
　　設計監理費　　　　　　　　　　　　　　円
10　工事予定期間
（1）着工年月日　　平成　　　年　　　月　　　日
（2）竣工年月日　　平成　　　年　　　月　　　日
11　施設事業開始予定年月日
　　　　　　　　　　平成　　　年　　　月　　　日

（注）上記項目にないものは、適宜加えること。

様式23　設備整備（初度調弁）一覧表

(円単位)

区分	購入内容	業者	見積金額 （税込）
	設備整備（初度調弁）　合計		

様式24　償還計画表

償 還 計 画 表

1　借入金額及び借入金融機関

2　年次別償還額及び充当財源別金額

区　分		償　還　額			充　当　財　源　別　金　額		
回	年　次	元　金	利　息	合　計			合　計
1	○○年	円	円	円	円	円	円
2							
3							
4							
5							
6							
7							
8							
9							
10							
11							
12							
13							
14							
15							
16							
17							
18							
19							
20							
合　計							

3　充当財源の調達内容
　（1）都施設整備費積算基礎
　　　単価　　　　円
　　　人数　　　　人
　　　年額　　　　円
　（2）寄附者肩書

　（3）介護報酬、居住費収入、食費収入

様式25　償還金贈与契約書

(注1)

償 還 金 贈 与 契 約 書

　○○○○（以下「甲」という。）と社会福祉法人○○会設立代表者○○○○（以下「乙」という。）と○○○○（以下「丙」という。）は、次のとおり贈与契約を締結する。

第1条　甲は、社会福祉法人○○会の設立が認可されたときは、同法人の<u>独立行政法人福祉医療機構</u>（注2）からの借入金の償還財源として、総額金○○○○○○○円を別記のとおり同法人に贈与することを約し、乙はこれを承諾した。
第2条　甲は、前条による贈与を毎年○月末日までに行わなければならない。
第3条　甲が、第1条による贈与を履行できないとき、又はできなくなったときは、丙がその贈与を代替し又は残余の贈与を継承して行う。
第4条　丙は、第3条による贈与の継承を履行できなくなったときは、あらかじめ乙の承諾を得なければならない。
第5条　この契約に定めていない事項については、甲、乙及び丙は、誠意をもって協議のうえ決定するものとする。

　上記契約を証するため、同文3通を作成し、甲、乙及び丙署名捺印のうえ各1通所持する。

　　　　平成　年　　月　　　日（注3）

　　　　　　　　甲　　住　所
　　　　　　　　　　　氏　名　　　　　　　　　実印
　　　　　　　　乙　　住　所
　　　　　　　　　　　社会福祉法人○○会設立代表者（注4）
　　　　　　　　　　　氏　名　　　　　　　　　実印
　　　　　　　　丙　　住　所
　　　　　　　（注5）　氏　名　　　　　　　　　実印

（注1）法人設立認可申請書には契約書原本の写しを添付し、契約書の原本は関係者がそれぞれ保管する。
（注2）他の金融機関から借入をするときは、当該金融機関名を記入する。
（注3）設立代表者に権限を委任した日以降の日付にする。
（注4）設立代表者が贈与する場合は代理人を選任する。
（注5）償還金贈与の継承者を必ず置くこと。

別　記

回	贈与年次	贈与金額（円）	回	贈与年次	贈与金額（円）
1			11		
2			12		
3			13		
4			14		
5			15		
6			16		
7			17		
8			18		
9			19		
10			20		
			総　額		

様式26　基本財産編入誓約書

(注1)

基 本 財 産 編 入 誓 約 書

　このたび、社会福祉法人○○会が設置経営する○○○園の土地については取得後、建物については完成後、速やかに基本財産に編入することを誓約いたします。

　　　　年　　月　　日

　　　　　　社会福祉法人○○会

　　　　　　　　設立代表者　　○○○○　　実印

　　新　宿　区　長　様

(注1) 法人設立認可申請書には誓約書原本を添付する。
(注2) 法人設立後に基本財産となるものについて作成する。

様式27　施設長就任承諾書

施　設　長　就　任　承　諾　書

　社会福祉法人〇〇会が設置経営する特別養護老人ホーム〇〇園の施設長に就任することを承諾します。

　なお、施設長に就任するに当たっては、その職務に専念することを誓います。

　　　平成　　年　　月　　日

　　　　　　　住　　所

　　　　　　　氏　　名　　　　　　　　　　実印

社会福祉法人〇〇会

　　設立代表者　〇〇〇〇　様

（注１）本承諾書には、施設長資格要件取得状況がわかる関係書類（写）を添付する。
（注２）申請時に他の仕事に就いている場合、施設開設時までに退職する旨の確約書も添付する。

様式28　施設長資格取得念書

施設長資格を取得する念書

　平成　　年　　月　　日に開設予定である○○○○の施設長に就任する予定の《施設長予定者名》については、社会福祉施設長資格認定講習課程の研修を受講し、施設長としての資格を取得することを確約します。

　　　新　宿　区　長　　　様

　　　　　　　　　　　　平成　　年　　月　　日

　　　　　　　　　社会福祉法人○○会　　設立代表者　　　　　　実印

　　　　　　　　　　　　　　　　　施設長予定者　　　　　　実印

4 設立登記

　社会福祉法人は，その主たる事務所において，その認可のあった日から2週間以内に，以下の事項を記載して，設立登記をすることによって成立します。
① 目的及び業務
② 名　　称
③ 事　務　所
④ 代表権を有する者の氏名，住所及び資格
⑤ 存立時期又は解散の事由を定めたときは，その時期又は事由
⑥ 代表権の範囲又は制限に関する定めがあるときは，その定め
⑦ 資産の総額

　また，社会福祉法人が，従たる事務所を設けている場合も，その従たる事務所の所在地において，同様に登記をしなければなりません。

3
管理と監督

1 評議員と評議員会

(1) 位置づけ

評議員会は，任意の諮問機関から必置の法人の重要な事項を決定する議決機関になり，評議員は，定款で定める方法により選任され，第三者的立場から社会福祉法人の適切な運営に識見を有する者が就任することになりました。評議員は，理事，監事や職員との兼任は禁止されています。

また，評議員会の主な決議事項は以下のとおりです。

① 定款の変更，合併等の承認
② 理事，監事，会計監査人の選任，解任
③ 役員報酬等の基準承認
④ 計算書類の承認（会計監査人設置の場合は報告のみ）
⑤ 社会福祉充実計画の承認

(2) 任期と定員数

評議員の任期は原則4年以内（6年に延長することも可能）とされ，その定員数は理事の員数（6名以上）を超える数で，最低7名以上必要です。

評議員の報酬については，定款で定められ，支給基準は，評議員会の承認を受けなければなりません。

(3) 責任

評議員の責任が明文化され，以下の責任が規定されました。

① 法人への損害賠償責任
② 第三者への損害賠償責任
③ 特別背任罪等の罰則

2 理　　　　事

(1) 選任・資格要件

理事の選解任は，評議員会の決議事項で，資格要件として，以下の者が含まれていなければなりません。

① 社会福祉事業の経営に関する識見を有する者
② 法人が行う事業の区域の福祉の実情に通じている者
③ 法人が施設を設置している場合においては施設の管理者

また以下の就任制限もあります。すなわち，3親等以内の親族その他特殊の関係にある者等が理事の総数の3分の1以内かつ3名以内。

(2) 任期と定員数

理事の任期は2年以内とされ，定員数は6人以上です。そして，理事長が法人を代表します。

理事の報酬については，定款で定められ，支給基準は，評議員会の承認を受けなければなりません。

(3) 責　　　　任

理事の責任が明文化され，以下の責任が規定されました。

① 法人への損害賠償責任
② 第三者への損害賠償責任
③ 特別背任罪等の罰則

3 理　事　会

理事会についても明文化され，法人の業務執行を決定し，理事の職務執行を

監督する機関となりました。

　主な決議事項は，以下のとおりです。

① 評議員会の日時及び場所並びに議題・議案の決定
② 理事長の選定及び解職
③ 重要な財産の処分及び譲受け
④ 多額の借財
⑤ 重要な役割を担う職員の選任及び解任
⑥ 従たる事務所その他の重要な組織の設置，変更及び廃止
⑦ 理事の職務の執行が法令及び定款に適合することを確保するための体制等整備（※）
⑧ 定款の定めに基づく役員等の責任の免除
⑨ その他重要な業務執行の決定

4 監　　　事

(1) 選任・資格要件

　監事については，基本的役割についての変更はありませんが，理事会への出席義務化などの責任増加の一方，調査権限の明文化など権限も強化されました。

　監事の選解任は，評議員会の決議事項とされており，資格要件としては，①社会福祉事業に識見を有する者，②財務管理について識見を有する者が就任します。

　また，監事は，理事，評議員，職員との兼任は禁止されています。

(2) 義務と権限

　監事の主な義務としては，以下のものがあります。

① 善管注意義務
② 理事会へ理事の不正等の報告義務
③ 理事会の出席義務
④ 評議員会の議案等の調査・報告義務（報告義務については法令・定款違

反又は著しく不当な事項がある場合)

次に，監事の主な権限は，以下のものがあります。

① 理事の職務執行の監査
② 計算書類等の監査
③ 監査報告書の作成
④ 事業の報告要求（理事，職員に対し），業務・財産の状況調査
⑤ 理事会の招集請求
⑥ 理事の行為の差止め請求(法人に著しい損害が生じるおそれがあるとき)
⑦ 会計監査人の解任

(3) **任期と定員数**

監事の任期は2年以内で，定員数は2人以上です。

監事の報酬については，定款で定められ，定款で定められていないときは，評議員会で決議します。

(4) **責　　任**

監事の責任が明文化され，以下の責任が規定されました。

① 法人への損害賠償責任
② 第三者への損害賠償責任
③ 特別背任罪等の罰則

5 会計監査人

一定規模以上の社会福祉法人については，会計監査人（公認会計士又は監査法人）の会計監査が義務付けられることになりました。

一定規模とは，平成29年・30年については，収益30億円超又は負債60億円超，平成31年・32年については収益20億円超又は負債40億円超，平成33年以降は収益10億円超又は負債20億円超となっています。

そして，会計監査人は法人の機関となり，こうした法人では，計算書類は理

事会の承認を受ける前に，監事と会計監査人の2つの監査を受けます。

ただし，会計監査人による監査が適正に行われているときは，監事は計算書類の監査を省略できます。

また，会計監査人の責任も規定されました。

① 法人への損害賠償責任
② 第三者への損害賠償責任
③ 特別背任罪等の罰則

6 定款変更

社会福祉法人の定款変更は，評議員会の決議後，所定の書類を添付して，所轄庁の認可または所轄庁への届出が必要です。

所轄庁の届出が済むものとしては，①事務所の所在地の変更，②基本財産の増加に関する事項，③公告の方法の変更があり，①～③以外のものについては所轄庁の認可が必要となります。

そして，社会福祉法人は，当該定款変更が法人の登記事項であれば，所轄庁の認可後，主たる事務所の所在地においては2週間以内に，従たる事務所の所在地においては3週間以内に変更登記をしなければなりません。

7 監　　督

社会福祉法人に対する一般的監督は，厚生労働大臣または都道府県知事もしくは指定都市もしくは中核市の長によって行われます。

さらに，所轄庁は，一定の事由に該当すれば，改善命令，役員解職勧告，解散命令といったものができます。

また，社会福祉法人の高い公共性から，十分な監査指導が必要と考えられます。

4
合併と解散

1 合併

(1) 意　義

　合併とは，2つ以上の社会福祉法人が1つの社会福祉法人になることをいいます。

　合併には，合併する社会福祉法人の一方が存続し，他方がこれに併合される場合と，両社会福祉法人が消滅して，新たに別の社会福祉法人を創設する場合とがあります。前者を吸収合併，後者を新設合併といいます。

(2) 手　続　き

　社会福祉法人の合併にあたっては，まず，評議員会の決議を得なければなりません。

　そして，次の事項を記載した書類を合併認可申請書とともに所轄庁に提出して，認可を受けなければなりません。

　① 理　由　書
　② 評議員会の決議又は定款に定める手続を経たことを証明する書類
　③ 合併後存続する法人又は合併により設立する法人の定款
　④ 合併する各法人に係る次の書類
　　　㋑ 財産目録及び貸借対照表
　　　㋺ 負債があるときは，その負債を証明する書類
　⑤ 合併後存続する法人又は合併により設立する法人に係る次の事項
　　　㋑ 財産目録

ロ　合併の日の属する会計年度及び次の会計年度における事業計画書及びこれに伴う収支予算書
　　ハ　役員となるべき者の履歴書及び就任承諾書（合併後存続する法人については，引き続き役員となる者の就任承諾書を除く）
　　ニ　各役員となるべき者について，他の役員となるべき者のうちに，その者と婚姻関係又は3親等以内の親族関係にある者がいるときは，その氏名及びその者との続柄
　⑥　社会福祉法第54条の6の場合（新設合併）においては，設立の事務を行う者が同条の規定により選任された者であることを証明する書類

(3) 登　　　記

社会福祉法人が合併したときは，主たる事務所の所在地においては2週間以内に，従たる事務所の所在地においては3週間以内に，以下の登記をしなければなりません。
　①　合併後存続する社会福祉法人については変更の登記
　②　合併により消滅する社会福祉法人については解散の登記
　③　合併により設立した社会福祉法人については設立の場合における登記事項の登記

2　解　　　散

(1) 意　　　義

解散とは，その目的である社会福祉活動を停止し，財産関係の整理段階に入ることをいい，この整理事務を清算といいます。
　解散をしてもこの清算段階では，清算法人として，財産関係の整理の目的の範囲内では，その法人格は存続しており，清算結了時点で法人格を失うことになります。
　社会福祉法人の解散事由には，以下の6つがあります。
　①　評議員会の決議

②　定款に定められた解散事由の発生
③　目的事業の成功不能
④　合　　　併
⑤　破　　　産
⑥　所轄庁の解散命令

(2)　手　続　き

　社会福祉法人が解散するときは，通常合併の場合を除き，所轄庁の認可又は認定が必要です。
　その場合，以下の書類を解散認可（認定）申請書とともに所轄庁に提出しなければなりません。
①　理　由　書
②　評議員会の決議又は定款に定める手続を経たことを証明する書類
③　財産目録及び貸借対照表
④　残余財産の処分方法
⑤　負債がある場合は，この負債を証明する書類

　そして，定款に定めた解散事由の発生や破産による解散の場合には，清算人は，遅滞なく，その旨を所轄庁に届け出なければなりません。

(3)　登　　　記

　社会福祉法人が解散したときは，合併又は破産の場合を除いて，主たる事務所の所在地においては2週間以内に，従たる事務所の所在地においては3週間以内に，解散登記をしなければなりません。

(4)　清　　　算

　社会福祉法人が解散しますと，合併や破産の場合以外は，以下の職務を行う清算人が置かれます。
①　解散登記及び届出

② 現務の結了
③ 債権の取立及び債務の弁済
④ 残余財産の引換
⑤ 清算結了の登記
⑥ 清算結了の届出

そして，清算人の決算結了の届出と同時に，当該社会福祉法人の法人格は消滅します。

5
コンプライアンスと今後の課題

　社会福祉事業は，制度が求める一定の条件下で提供されるものであることから，職員1人ひとり，さらには組織全体に至るまで，高い倫理性が求められます。

　そのため，コンプライアンス，いわゆる「法令遵守」が求められます。社会福祉法人の取り巻く様々なリスクから組織を守り，不祥事などを未然に防ぐため，コンプライアンスを正しく認識することが大切となり，その重要性が高まってきているのです。

　コンプライアンスの構築は，以下のように行われます。

　第1ステップ……遵守ルールの明確化
　第2ステップ……コンプライアンス規定の策定・整備
　第3ステップ……コンプライアンス担当部署の設置
　第4ステップ……コンプライアンス体制の構築
　第5ステップ……職員に対する徹底した教育

　また，「事業拡大」も社会福祉法人の今後の課題として大切になってきます。

　事業拡大のためには，長期的安定経営を行うための財政基盤の確立は不可欠です。ヒト・モノ・カネといった経営資源の充実が重要な要素となってくるのです。

　さらに，社会福祉事業は，目に見えないサービスも多々含まれるため，サービスの品質管理や危機管理システムの構築といったことも事業拡大のうえで大切となってきます。

　また，事業拡大以外でも，地域住民の福祉ニーズに答えるため，地域との連

携といったことも，もちろん必要なことといえます。

II

社会福祉法人の会計

1 社会福祉法人会計基準

1 概　　要

　社会福祉法人会計については，平成12年以降，「社会福祉法人会計基準」のなか，「指導指針」等の様々な会計ルールが併存しており，事務処理が煩雑であるなどの問題点がありました。そこで，社会福祉法人の健全なる運営に資することを目的に，簡素で国民に分かりやすい新たな社会福祉法人会計基準，いわゆる「新基準」を作り，会計処理基準の一元化を図ったのです。

　新基準は，平成24年4月から任意の適用が開始され，平成27年4月からは全ての社会福祉法人に適用になります。そして，平成28年より社会福祉法人会計基準は，局集通知から「省令」に格上げになりました。

　基本的考え方としては，①社会福祉法人が行う全ての事業（社会福祉事業，公益事業，収益事業）を適用対象とすること，②法人全体の財務状況を明らかにし，経営分析を可能にするとともに，外部への情報公開にも資するものとすることです。

　旧基準からの主な変更点としては，次の8つです。
① 法人全体での資産，負債等の状況を把握できるようにするため，公益事業及び収益事業を含め，法人で一本の会計単位とすることとした。
② 施設・事業所ごとの財務状況を明らかにするため，拠点区分を設けることとした。また，施設・事業所内で実施する福祉サービス毎の収支を明らかにするため，サービス区分を設けることとした。
③ 財務諸表の体系は，資金収支計算書，事業活動計算書，貸借対照表及び財産目録とした。

イ　資金収支計算書は，支払資金の収入，支出の内容を明らかにするために作成し，事業活動による収支，施設設備等による収支及びその他の活動による収支に区分するものとした。

　　ロ　事業活動計算書は，法人の事業活動の成果を把握するために作成し，サービス活動増減の部，サービス活動外増減の部，特別増減の部及び繰越活動増減差額の部に区分するものとした。

④　資金収支計算書，事業活動計算書及び貸借対照表については，事業区分，拠点区分の単位でも作成することとした。

⑤　従来の明細書，別表を整理したうえで，重要な資産及び負債等の状況を明確にするために，借入金，寄附金，積立金等についてその内容を明らかにする附属明細書を作成することとした。

⑥　基本金の範囲を法人の設立及び施設整備等，法人が事業活動を維持するための基盤として収受した寄附金に限定し，4号基本金を廃止した。

⑦　引当金の範囲を徴収不能引当金，賞与引当金，退職給付引当金に限定し，その他引当金を廃止した。

⑧　財務情報の透明性を向上させるため，1年基準，時価会計，リース会計などの会計手法を導入した。

2　構　　成

新基準は，以下によって構成されています。

①　基準と注解，すなわち会計ルールの基本的な考え方とその解釈，財務諸表の様式例

②　運用指針，すなわち会計基準の適用にあたっての留意事項，基準に盛り込まない様式例・勘定科目とその解説を示したもの

③　移行時の取扱い，すなわち従来の会計ルールから新基準へ移行するにあたっての取扱い

3 計 算 書 類

　新基準では従来の「計算書類」が「財務諸表」という名称に変わり，財務諸表は①資金収支計算書，②事業活動計算書，③貸借対照表の3つに限定されました。しかし，その後の改正で，①から③の計算書類と附属明細書と合わせて「計算関係書類」となりました。

　従来は計算書類を構成していた財産目録は，計算書類には含まれませんが，作成自体は要請されています。

　計算書類の作成については，以下のとおりになります。

	資金収支計算書	事業活動計算書	貸借対照表	財務諸表の注記	備　考
法 人 全 体	第1号の1様式	第2号の1様式	第3号の1様式	全項目	
法 人 全 体 (事業区分別)	○◎第1号の2様式	○◎第2号の2様式	○◎第3号の2様式	－	左記様式では事業区分間の内部取引消去を行う
事 業 区 分 (拠点区分別)	◎第1号の3様式	◎第2号の3様式	◎第3号の3様式	－	左記様式では拠点区分間の内部取引消去を行う
拠 点 区 分 (一つの拠点を表示)	第1号の4様式	第2号の4様式	第3号の4様式	一部項目は記載不要	－
サービス区分別 拠点区分の会計をサービス別に区分表示	☆別紙3（⑩）	☆別紙3（⑪）	－	－	基準別紙3ではサービス区分間の内部取引消去を行う

（注1）　法人の事務負荷軽減のため，以下の場合は財務諸表及び基準別紙の作成を省略できるものとする。
　　　1．○印の様式は，事業区分が社会福祉事業のみの法人の場合省略できる。
　　　2．◎印の様式は，拠点が1つの法人の場合省略できる。
　　　3．☆印の様式は，附属明細書として作成するが，その拠点で実施する事業の必要に応じていずれか1つを省略できる。
（注2）　第1号から第3号の1から4様式は，社会福祉法施行規則第9条第3項に定める書類とし，毎年度所轄庁へ提出をする。
（出典）　「社会福祉法人の新会計基準について」平成23年7月27日（厚生労働省雇用均等・児童家庭局，社会援護局，傷害保健福祉部，老健局）を元に作成。

そして，平成28年度から計算関係書類及び財産目録について，会計年度終了後3ヶ月以内に理事会の承認を受け，計算書類及び財産目録については，評議員会の承認を受け，その後，計算関係書類及び財産目録を会計年度終了後3ヶ月以内に，所轄庁に提出しなければなりません。

4　一般原則等

社会福祉法人は，次の4つの原則に従って，計算書類及び附属明細書並びに財産目録を作成しなければならないとされています。

① 明瞭性の原則……計算書類は，資金収支及び純資産増減の状況並びに資産，負債及び純資産の状態に関する真実な内容を明瞭に表示すること。
② 正規の簿記の原則……計算書類は，正規の簿記の原則に従って，正しく記帳された会計帳簿に基づいて作成すること。
③ 継続性の原則……会計処理の原則及び手続き並びに計算書類の表示方法は，毎会計年度これを継続して適用し，みだりに変更しないこと。
④ 重要性の原則……重要性の乏しいものについては，会計処理の原則及び手続き並びに計算書類の表示方法の適用に際して，本来の厳密な方法によらず，他の簡便な方法によることができること。

以上の一般原則の他，計算書類に記載する金額は総額をもって表示すること（総額表示），社会福祉法人の会計年度は4月1日から3月31日までとすることも定められています。

5　事業区分・拠点区分・サービス区分

新基準では，法人全体，事業区分別，拠点区分別に，資金収支計算書，事業活動計算書，貸借対照表を作成します。

まず，事業区分として，法人全体を社会福祉事業，公益事業，収益事業に区分します。

次に，事業区分を拠点（一体として運営される施設，事業所及び事務所）別に区分します。

最後に，その拠点で実施する事業別（例えば，特養，通所介護，短期入所生活介護等）に区分します。

イメージとしては，次表のとおりです。

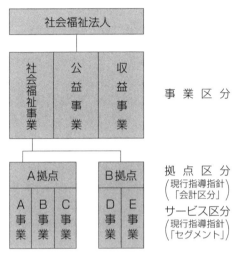

（出典）「社会福祉法人の新会計基準について」平成23年7月27日（厚生労働省雇用均等・児童家庭局，社会援護局，障害保健福祉部，老健局）

6 内部取引

計算書類の作成にあたっては，法人全体の正確な収支及び貸借の状況を把握するため，同一法人間の内部取引を相殺消去します。

このことにより，拠点区分間取引（貸借）の勘定科目の「事業区分合計」欄とサービス区分間取引の勘定科目の「拠点区分合計」欄は，必ずゼロになります。

7 資金収支計算書

資金収支計算書とは，当該会計年度における全ての支払資金の増加及び減少の状況を明瞭に表示した計算書類のひとつです。

その区分・構成等は新基準にありますが，ここで大切な概念は「支払資金」

です。
　支払資金は，流動資産から流動負債を差し引いたものですが，新基準では後述する「1年基準」が明文化されたため，1年基準により固定資産や固定負債から振り替えられた流動資産や流動負債は，支払資金から除かれます。
　さらに，貯蔵品を除く棚卸資産や引当金も支払資金から除かれます。
　そして，支払資金残高は，資金収支計算書の当月末支払資金残高と一致します。
　また，資金収支計算を行うにあたっては，事業区分，拠点区分又はサービス区分に共通する収入及び支出は，合理的な基準に基づいて配分しなければなりません。
　例えば，第1号の1様式のひな型は，次のとおりです。

資金収支計算書

(自) 平成　年　月　日　　(至) 平成　年　月　日

(単位：円)

勘定科目			予算(A)	決算(B)	差異(A)-(B)	備考
事業活動による収支	収入	介護保険事業収入				
		老人福祉事業収入				
		児童福祉事業収入				
		保育事業収入				
		就労支援事業収入				
		障害福祉サービス等事業収入				
		生活保護事業収入				
		医療事業収入				
		○○事業収入				
		○○収入				
		借入金利息補助金収入				
		経常経費寄附金収入				
		受取利息配当金収入				
		その他の収入				
		流動資産評価益等による資金増加額				
		事業活動収入計(1)				
	支出	人件費支出				
		事業費支出				
		事務費支出				
		就労支援事業支出				
		授産事業支出				
		○○支出				
		利用者負担軽減額				
		支払利息支出				
		その他の支出				
		流動資産評価損等による資金減少額				
		事業活動支出計(2)				
		事業活動資金収支差額(3)=(1)-(2)				
施設整備等による収支	収入	施設整備等補助金収入				
		施設整備等寄附金収入				
		設備資金借入金収入				
		固定資産売却収入				
		その他の施設整備等による収入				
		施設整備等収入計(4)				
	支出	設備資金借入金元金償還支出				
		固定資産取得支出				
		固定資産除却・廃棄支出				
		ファイナンス・リース債務の返済支出				
		その他の施設整備等による支出				
		施設整備等支出計(5)				
		施設整備等資金収支差額(6)=(4)-(5)				
その他の活動による収支	収入	長期運営資金借入金元金償還寄附金収入				
		長期運営資金借入金収入				
		長期貸付金回収収入				
		投資有価証券売却収入				
		積立資産取崩収入				
		その他の活動による収入				
		その他の活動収入計(7)				
	支出	長期運営資金借入金元金償還支出				
		長期貸付金支出				
		投資有価証券取得支出				
		積立資産支出				
		その他の活動による支出				
		その他の活動支出計(8)				
		その他の活動資金収支差額(9)=(7)-(8)				
予備費支出(10)			××× △×××	—	×××	
当期資金収支差額合計(11)=(3)+(6)+(9)-(10)						

前期末支払資金残高(12)						
当期末支払資金残高(11)+(12)						

(注) 予備費支出△×××円は○○支出に充当使用した額である。

8　事業活動計算書

　事業活動計算書とは，当該会計年度における純資産の全ての増減内容を明りょうに表示した計算書類のひとつで，その様式等は新基準に載せられています。

　純資産は，資産から負債が差し引かれて算出されますが，次の算式によって算出できます。

　　期首純資産＋(期中の収益－期中の費用)＝期末の純資産

　例えば，第2号の1様式のひな型は，次のとおりです。

事業活動計算書
(自) 平成　年　月　日　(至) 平成　年　月　日

(単位：円)

		勘定科目	当年度決算(A)	前年度決算(B)	増減(A)-(B)
サービス活動増減の部	収益	介護保険事業収益			
		老人福祉事業収益			
		児童福祉事業収益			
		保育事業収益			
		就労支援事業収益			
		障害福祉サービス等事業収益			
		生活保護事業収益			
		医療事業収益			
		○○事業収益			
		○○収益			
		経常経費寄附金収益			
		その他の収益			
		サービス活動収益計（1）			
	費用	人件費			
		事業費			
		事務費			
		就労支援事業費用			
		授産事業費用			
		○○費用			
		利用者負担軽減額			
		減価償却費			
		国庫補助金等特別積立金取崩額	△×××	△×××	
		徴収不能額			
		徴収不能引当金繰入			
		その他の費用			
		サービス活動費用計（2）			
		サービス活動増減差額（3）=（1）-（2）			
サービス活動外増減の部	収益	借入金利息補助金収益			
		受取利息配当金収益			
		有価証券評価益			
		有価証券売却益			
		投資有価証券評価益			
		投資有価証券売却益			
		その他のサービス活動外収益			
		サービス活動外収益計（4）			
	費用	支払利息			
		有価証券評価損			
		有価証券売却損			
		投資有価証券評価損			
		投資有価証券売却損			
		その他のサービス活動外費用			
		サービス活動外費用計（5）			
		サービス活動外増減差額（6）=（4）-（5）			
		経常増減差額（7）=（3）+（6）			

特別増減の部	収益	施設整備等補助金収益 施設整備等寄附金収益 長期運営資金借入金元金償還寄附金収益 固定資産受贈額 固定資産売却益 その他の特別収益			
		特別収益計（8）			
	費用	基本金組入額 資産評価損 固定資産売却損・処分損 国庫補助金等特別積立金取崩額（除却等） 国庫補助金等特別積立金積立額 災害損失 その他の特別損失	△×××	△×××	
		特別費用計（9）			
	特別増減差額(10)=(8)-(9)				
当期活動増減差額(11)=(7)+(10)					
繰越活動増減差額の部	前期繰越活動増減差額(12)				
	当期末繰越活動増減差額(13)=(11)+(12)				
	基本金取崩額(14)				
	その他の積立金取崩額(15)				
	その他の積立金積立額(16)				
	次期繰越活動増減差額(17)=(13)+(14)+(15)－(16)				

9 貸借対照表

　貸借対照表とは，当該会計年度末における全ての資産，負債及び純資産の状態を明りょうに表示した計算書類のひとつで，その様式等は新基準に掲示されています。

　ポイントとしては，貸借対照表の評価額は，原則として，当該資産の取得価額を基礎として計上することです。受贈や交換によって取得したものについては，その取得時の公正な評価額を付します。

　例えば，第3号の1様式のひな型は，次のとおりです。

貸 借 対 照 表
平成　年　月　日現在

(単位：円)

資　産　の　部	当年度末	前年度末	増減	負　債　の　部	当年度末	前年度末	増減
流動資産				流動負債			
現金預金				短期運営資金借入金			
有価証券				事業未払金			
事業未収金				その他の未払金			
未収金				支払手形			
未収補助金				役員等短期借入金			
未収収益				1年以内返済予定設備資金借入金			
受取手形				1年以内返済予定長期運営資金借入金			
貯蔵品				1年以内返済予定リース債務			
医薬品				1年以内返済予定役員等長期借入金			
診療・療養費等材料				1年以内支払予定長期未払金			
給食用材料				未払費用			
商品・製品				預り金			
仕掛品				職員預り金			
原材料				前受金			
立替金				前受収益			
前払金				仮受金			
前払費用				賞与引当金			
1年以内回収予定長期貸付金				その他の流動負債			
短期貸付金							
仮払金							
その他の流動資産							
徴収不能引当金							
固定資産				固定負債			
基本財産				設備資金借入金			
土地				長期運営資金借入金			
建物				リース債務			
定期預金				役員等長期借入金			
投資有価証券				退職給付引当金			
				長期未払金			
その他の固定資産				長期預り金			
土地				その他の固定負債			
建物							
構築物							
機械及び装置				負債の部合計			
車輌運搬具				純　資　産　の　部			
器具及び備品				基本金			
建設仮勘定				国庫補助金等特別積立金			
有形リース資産				その他の積立金			
権利				〇〇積立金			
ソフトウェア				次期繰越活動増減差額			
無形リース資産				（うち当期活動増減差額）			
投資有価証券							
長期貸付金							
退職給付引当資産							
長期預り金積立資産							
〇〇積立資産							
差入保証金							
長期前払費用							
その他の固定資産							
				純資産の部合計			
資産の部合計				負債及び純資産の部合計			

10　注記事項

　計算書類の注記事項として，従来は以下の7つがありました。
① 　重要な会計方針
② 　重要な会計方針変更，その理由及び影響額
③ 　基本財産の増減内容及び金額
④ 　基本金又は国庫補助金等特別積立金の取崩し，その理由及び金額
⑤ 　担保に供されている資産の種類・金額及び担保する債務の種類・金額
⑥ 　重要な後発事象の内容及び影響額
⑦ 　その他必要な事項

　そして，新基準では，次の8つが追加されました。なお，①，⑦，⑧は拠点区分では記載不要です。
① 　継続事業の前提に関する注記
② 　法人で採用する退職給付制度
③ 　拠点区分・サービス区分の設定方法等
④ 　減価償却累計額を直接控除した場合は，取得金額，減価償却累計額，当期末残高
⑤ 　徴収不能引当金を直接控除した場合は，債権金額，徴収不能引当金当期末残高，債権当期末残高
⑥ 　満期保有債券の帳簿価額，評価損益等
⑦ 　関連当事者との取引内容
⑧ 　重要な偶発債務

　また，⑦の関連当事者の範囲について，従来は役員に限定されていましたが，評議員も含まれることになりました。ただし，常勤かつ報酬を得ている役員・評議員に限られます。

　さらに，一定の法人も関連当事者の範囲に加えられました。

　例えば，比較的難しいとされている「基本財産の増減内容及び金額」のひな型は，次のとおりです。

(単位:円)

基本財産の種類	前期末残高	当期増加額	当期減少額	当期末残高
土　　　　地				
建　　　　物				
定 期 預 金				
投 資 有 価 証 券				
合　　　　計				

11 附属明細書

　附属明細書とは，計算書類の内容を補足する重要な事項を表示したものです。そして，附属明細書は，計算書類という重要な役割を担っているのです。
　そこで，まず全事業に係るものとしては，次の14項目があります。
　① 基本財産及びその他の固定資産（有形・無形固定資産）の明細書
　② 引当金明細書
　③ 拠点区分資金収支明細書
　④ 拠点区分事業活動明細書
　⑤ 借入金明細書
　⑥ 寄附金収益明細書
　⑦ 補助金事業等収益明細書
　⑧ 事業区分間及び拠点区分間資金異動明細書
　⑨ 事業区分間及び拠点区分間貸付金（借入金）明細書
　⑩ 基本金明細書
　⑪ 国庫補助金等特別積立金明細書
　⑫ 積立金・積立預金明細書
　⑬ サービス区分間資金移動明細書
　⑭ サービス区分間貸付金（借入金）残高明細書
　次に，就労支援事業に係るものとしては，次の5つがあります。
　① 就労支援事業別事業活動明細書

② 就労支援事業製造原価明細書
③ 販売費及び一般管理費明細書
④ 就労支援事業明細書
⑤ 授産事業費用明細

　例えば，基本財産及びその他の固定資産（有形・無形固定資産）の明細書のひな型は，次のとおりです。

基本財産及びその他の固定資産（有形・無形固定資産）の明細書

(自) 平成　年　月　日　(至) 平成　年　月　日

社会福祉法人名
拠点区分

(単位：円)

資産の種類及び名称	期首帳簿価額(A)		当期増加額(B)		当期減価償却額(C)		当期減少額(D)		期末帳簿価額(E=A+B-C-D)		減価償却累計額(F)		期末取得原価(G=E+F)		摘要
		うち国庫補助金等の額		うち国庫補助金等の額		うち国庫補助金等の額		うち国庫補助金等の額		うち国庫補助金等の額		うち国庫補助金等の額		うち国庫補助金等の額	
基本財産（有形固定資産）															
土地															
建物															
基本財産合計															
その他の固定資産（有形固定資産）															
土地															
建物															
車輌運搬具															
○○○															
その他の固定資産（有形固定資産）計															
その他の固定資産（無形固定資産）															
○○○															
その他の固定資産（無形固定資産）計															
基本財産及びその他の固定資産計															
将来入金予定の償還補助金の額															
差引															

(注) 1.「うち国庫補助金等の額」については、設備資金元金償還補助金がある場合には、償還補助金等取得総額を記載した上で、国庫補助金取得額を計算するものとする。
ただし、「期末帳簿価額」欄の「うち国庫補助金等の額」欄では、「期首帳簿価額」の「うち国庫補助金等の額」をマイナス表示し、実際に補助金を受けた場合に「当期増加額」の「うち国庫補助金等の額」をプラス表示することにより、差引「期末帳簿価額」の「うち国庫補助金等の額」が減価部分表以上の国庫補助金等の額 が減価部分表以上の国庫補助金等特別積立金残高と一致することが確認できる。

2.「当期増加額」には減価償却控除前の増加額、「当期減少額」には当期減価償却額を控除した減少額を記載する。

12　財産目録

　財産目録とは，当該会計年度末における全ての資産及び負債につき，その名称，数量，金額等を詳細に表示したものです。

　財産目録は，新基準では計算書類から外されましたが，法人全体で1つ，従来どおり作成することになっています。

　財産目録の金額は，貸借対照表記載金額と同一になります。

　例えば，財産目録のひな型は，次のとおりで，最近社会福祉充実残高の算出を目的として，その様式が大幅に改正されました。

財 産 目 録

平成　年　月　日現在

(単位：円)

貸借対照表科目	場所・物量等	取得年度	使用目的等	取得金額	減価償却累計額	貸借対照表価額
Ⅰ 資産の部						
1 流動資産						
現金預金						
現金	現金手許有高	－	運転資金として	－	－	×××
普通預金	○○銀行○○支店他	－	運転資金として	－	－	×××
			小計			×××
事業未収金		－	○月分介護報酬等	－	－	×××
……	……	－	……	－	－	……
		流動資産合計				×××
2 固定資産						
(1) 基本財産						
土地	(A拠点)○○市○○町1-1-1	－	第1種社会福祉事業である、○○施設等に使用している	－	－	×××
	(B拠点)○○市○○町2-2-2	－	第2種社会福祉事業である、▲▲施設等に使用している	－	－	×××
			小計			×××
建物	(A拠点)○○市○○町1-1-1	19××年度	第1種社会福祉事業である、○○施設等に使用している	×××	×××	×××
	(B拠点)○○市○○町2-2-2	19××年度	第2種社会福祉事業である、▲▲施設等に使用している	×××	×××	×××
			小計			×××
定期預金	○○銀行○○支店他	－	寄附者により○○事業に使用することが指定されている	－	－	×××
投資有価証券	第○回利付国債他	－	特段の指定がない	－	－	×××
……	……	－	……	－	－	……
		基本財産合計				×××
(2) その他の固定資産						
土地	(○拠点)○○市○○町3-3-3	－	5年後に開設する○○事業のための用地	－	－	×××
	(本部拠点)○○市○○町4-4-4	－	本部として使用している	－	－	×××
			小計			×××
建物	(C拠点)○○市○○町5-5-5	20××年度	第2種社会福祉事業である、訪問介護事業所に使用している	×××	×××	×××
車輌運搬具	○○他3台	－	利用者送迎用	×××	×××	×××
○○積立資産	定期預金○○銀行○○支店他	－	将来における○○の目的のために積み立てている定期預金	－	－	×××
……	……	－	……	－	－	……
		その他の固定資産合計				×××
		固定資産合計				×××
		資産合計				×××
Ⅱ 負債の部						
1 流動負債						
短期運営資金借入金	○○銀行○○支店他	－		－	－	×××
事業未払金	○月分水道光熱費他	－		－	－	×××
職員預り金	○月分源泉所得税他	－		－	－	×××
……	……	－		－	－	……
		流動負債合計				×××
2 固定負債						
設備資金借入金	独立行政法人福祉医療機構他	－		－	－	×××
長期運営資金借入金	○○銀行○○支店他	－		－	－	×××
……	……	－		－	－	……
		固定負債合計				×××
		資産合計				×××
		差引純資産				×××

(記載上の留意事項)
・土地、建物が複数ある場合には、科目を拠点区分毎に分けて記載するものとする。
・同一の科目について控除対象財産に該当し得るものと、該当し得ないものが含まれる場合には、分けて記載するものとする。
・科目を分けて記載した場合は、小計欄を設けて、「貸借対照表価額」欄と一致させる。
・「使用目的等」欄には、社会福祉法第55条の2の規定に基づく社会福祉充実実践の算定に必要な控除対象財産の判定を行うため、各資産の使用目的を簡潔に記載する。
　なお、負債については、「使用目的等」欄の記載を要しない。
・「貸借対照表価額」欄は、「取得価額」欄と「減価償却累計額」欄の差額と同額になることに留意する。
・建物についてのみ「取得年度」欄を記載する。
・減価償却累計額（有形固定資産に限る）にちては、「減価償却累計額」欄を記載する。なお、減価償却累計額には、減損損失累計額を含むものとする。
　また、ソフトウェアについては、取得価額から貸借対照表価額を控除して得た額を「減価償却累計額」欄に記載する。
・車輌運搬具の○○には会社名と車種を記載すること、車輌番号を任意記載するとする。
・預金に関する口座番号は任意記載とする。

2
会計上の個別問題の検討

1 新基準に定めのない事項

　新基準に定めのない事項については,「一般に公正妥当と認められる社会福祉法人会計の慣行をしん酌」しなければなりません。

　ここで,一般に公正妥当と認められる会計慣行として,社会福祉法人に妥当するものと考えられるものとしては,「公益法人会計基準」,「四半期財務諸表に関する会計基準」,「連結財務諸表に関する会計基準」,「資産除去債務に関する会計基準」などが挙げられます。

2 固定資産と減価償却

　固定資産の貸借対照表価額については,原則として,取得価額から減価償却累計額を差し引いて算出します。

　なお,受贈・交換によって取得したものについては,取得価額はその取得時における公正な評価額によって行います。

　次に,減価償却についてですが,新基準においても,毎期一定の方法による償却計算が要請されています。

　そして,減価償却の対象となるものは,耐用年数が1年以上,かつ,使用又は時の経過により価値が減少する固定資産で,計算単位は各資産ごとです。

　減価償却方法については,有形固定資産は定額法又は定率法,無形固定資産は定額法のみで,「拠点区分ごと」,「資産の種類ごと」に選択適用できます。

　耐用年数や償却率等については,「減価償却資産の耐用年数等に関する省令」によるものとされています。

3 基本金

　基本金とは,「社会福祉法人が事業開始等に当たって財源として受け取った寄附金の額」をいいます。

　そして,基本金は従来は第1号から第4号までありましたが,新基準では第4号基本金は廃止され,また,基本金及び国庫補助金等特別積立金の設定時に,固定資産以外でも計上できるようになりました。

　まず,第1号基本金とは,社会福祉法人の設立並びに施設の創設及び増築等のために基本財産等を取得すべきものとして指定された寄附金の額をいいます。

　第2号基本金とは,第1号基本金に係る資産の取得等に係る借入金の元金償還に充てるものとして指定された寄附金の額をいいます。

　第3号基本金とは,施設の創設及び増築時等に運転資金に充てるために収受した寄附金の額をいいます。

　また,基本金の組入れは,基本金対象となる寄附金を事業活動計算書の特別収益に計上後,その収益相当額を基本金組入額として特別費用に計上して行います。

　基本金の取崩しは,①事業の一部又は全部廃止,かつ,②基本金組入対象となった基本財産又はその他の固定資産が廃棄され又は売却された場合に行います。

4 国庫補助金等特別積立金

　国庫補助金等特別積立金とは,施設及び設備の整備のため,国又は地方公共団体等から受領した補助金,助成金,交付金等をいいます。

　従来,国庫補助金等特別積立金の設定目的は固定資産の取得に限定されていましたが,新基準ではこれが解除され,また,施設・設備整備資金借入金の償還補助金が追加されました。

　次に,国庫補助金等特別積立金については,以下の金額を積み立てます。
　①　施設・設備整備のために受領した国庫補助金等

②　設備資金借入金元金の返済時期に合わせて執行される補助金等

　国庫補助金等特別積立金の取崩しについては，毎会計年度，取得した資産の減価償却によって，事業費用として費用配分される額の国庫補助金等の当該資産の取得原価に対する割合に相当する額を取り崩し，事業活動計算書のサービス活動費用の控除項目として表示します。

5　共同募金配分金等

　共同募金配分金等は，従来その取扱いが不明確でしたが，新基準では，受配者指定寄附金は寄附金として処理，それ以外は補助金として処理することとなりました。

　具体的には，受配者指定寄附金は，「施設整備等寄附金収益」に計上し，それ以外は「施設整備等補助金収益」として計上します。

6　引　当　金

　引当金とは，①将来の特定の費用又は損失であり，②その発生が当該会計年度以前の事象に起因し，③発生の可能性が高く，④その金額を合理的に見積もることができる場合に計上されるものです。

　新基準では，引当金について次の3つに限定されることとなりました。
①　徴収不能引当金……毎会計年度末において徴収不可能な債権を個別に判断し，引当てるもの
②　賞与引当金……毎月の給与の他に賞与を支給する場合，翌年度に支給する職員賞与のうち，支給対象期間が当年度に帰属する支給見込額を引当てたもの
③　退職給付引当金……将来発生する退職給付額と積み立てた年金資産の差額を引当てたもの

　しかし，平成29年4月開始年度から，これら引当金の限度規定が廃止されました。さらに，役員に対してその支給額を適切に見積もることが可能な場合，役員退職慰労引当金を計上できる規定が新設されました。

3
新たに導入された会計処理

1　1年基準

　1年基準とは，貸借対照表において決算日である貸借対照表日の翌日から起算して1年以内に入金又は支払期限が到来するものを流動資産又は流動負債とし，それらが1年を超えて到来するものを固定資産又は固定負債とする基準です。

　ただし，1年基準が絶対というわけではなく，正常な営業取引の過程にあるものを流動資産又は流動負債とする「正常営業循環基準」で流動・固定に分類した後，1年基準を適用すべきと考えられています。

　さて，従来も貸付金・借入金について1年基準を適用する考え方はあり，貸付期間・借入期間が1年以内か否かで判断されていましたが，新基準では貸借対照表日の翌日から起算して1年以内に入金・支払期限が到来するか否かにより判断されることが明示されました。

　また，1年基準と支払資金の関係では，1年基準により固定資産・固定負債から流動資産・流動負債に振り替えられたものは，支払資金から除かれます。

2　金融商品の時価会計

　金融商品の時価会計とは，金融商品を期末の時価で再評価して，財務諸表に計上・表示する方法です。ここで金融商品とは，金融資産，金融負債，デリバティブ取引に係る契約を総称したものです。

　この方法としては，まず満期保有目的債券の償却原価法が挙げられます。

　満期保有目的債券は，取得価額をもって貸借対照表価額とされますが，債券

の取得価額と額面金額が異なる場合には，償却原価法が適用されます。

　償却原価法とは，債券の取得価額と額面金額が異なる場合，その差額を取得時から償還時までの期間に配分し，配分額を帳簿価額と加減する方法で，会計処理方法としては，①定額法と，②利息法の2つがあります。

　定額法とは，債券の金利調整差額を取得又は受渡日から償還日までの期間で除して，各期間の損益に配分する方法です。利息法とは，債券のクーポン（利子）の受取総額と金利調整差額の合計額を，債券の帳簿価額に対して実効利子率となるように，複利計算によって，各期間の損益に配分する方法です。

　次に，満期保有目的の債券以外の有価証券のうち，市場価格のあるものは，時価をもって貸借対照表価額とします。よって，決算時には，有価証券評価損益を計上することになります。

　金銭債権・債務も時価会計の対象となります。

　受取手形や貸付金などの金銭債権は，取得価額から徴収不能引当金を控除した額を，支払手形や借入金などの金銭債務は債権額を，各々貸借対照表価額とします。

③　リース会計

　社会福祉法人でも，リース取引の会計処理が，原則として，リース会計基準によって行われます。

　リース取引は，ファイナンス・リース取引とオペレーティング・リース取引の2つに分けられ，前者は原則として，通常の売買取引に係る方法に準じて会計処理を行い，後者は通常の賃貸借取引に係る方法に準じて会計処理を行います。

　ファイナンス・リース取引とは，リース契約に基づくリース期間の中途において当該契約を解除することができないリース取引などで，借手が当該リース物件からもたらされる経済的利益を実質的に享受することができ，かつ，当該リース物件の使用に伴って生じるコストを実質的に負担するリース取引をいいます。

オペレーティング・リース取引とは，ファイナンス・リース取引以外のリース取引をいいます。

賃貸借処理については賃借料（支出）を計上すれば足りますが，売買処理の場合，リース資産とリース負債（債務）を計上し，リース資産については通常の減価償却を実施します。リース債務については，原則として，リース料総額から利息相当額を控除します。

なお，リース契約1件当たりのリース料総額が300万円以下のリース取引や，リース期間が1年以内のリース取引については，オペレーティング・リース取引の会計処理に準じて会計処理できるといった，簡便的な取扱いができることとされています。

4　退職給付会計

退職給付会計とは，将来発生する退職給付額と積立年金資産の差額を財務諸表に計上するものです。

新基準では，「職員に対し退職金を支給することが定められている場合には，将来支給する退職金のうち，当該会計年度の負担に属すべき金額を当該会計年度の費用に計上し，負債として認識すべき残高を退職給付引当金として計上するものとする。」と規定されています。

具体的な会計処理としては，まず，独立行政法人福祉医療機構の実施する社会福祉施設職員等退職手当共済制度のような拠出金の支払後に追加負担の生じない制度では，退職給付引当金の計上の必要もありません。

都道府県等の実施する退職共済制度を採用している場合，原則として，約定の給付額を退職給付引当金として計上し，法人負担の掛金累計額を退職給付引当資産として計上します（簡便法もあります。）。

法人独自の退職金制度を採用している場合には，原則的な方法で会計処理します。

5 減損会計

　減損会計とは，土地などの資産の時価が，貸借対照表に計上されている帳簿価格より著しく下落した場合，その資産の時価まで，当該帳簿価格の切下げ処理を行うものです。

　具体的には，「減損損失」を計上することになります。

　時価の著しい下落とは，時価が帳簿価格から概ね50％を超えて下落している場合をいいます。

　ただし，社会福祉法人における減損会計は，企業会計におけるそれとは全く同一のものではないため，この点注意が必要です。

6 社会福祉充実残額と社会福祉充実計画

　平成29年４月以降，社会福祉法人は，以下の一定の算式で計算される「社会福祉充実残額」を算定しなければならなくなりました。

$$\text{社会福祉充実残額} = \text{活用可能な財産} - \text{社会福祉法に基づく事業に活用している不動産等} + \text{再取得に必要な財産} + \text{必要な運転資金}$$

　この考え方は，社会福祉充実残額がある場合，公益的取組みに使用するというものです。

　そして，社会福祉充実残額が１万円以上ある場合，原則として「社会福祉充実計画」を作成して，当該計画に基づき，社会福祉充実事業を行い，当該残額は通常５年で支出されます。

　社会福祉充実計画は，公認会計士等の財務専門家の意見聴取，評議員会の承認後，所轄庁に提出し，承認を得なければなりません。

7 その他

　まず，棚卸資産については，取得価額をもって貸借対照表価額としますが，時価が取得価額より下落した場合，時価をもって貸借対照表価額とします。

次に，外貨建資産・負債の評価は，原則として，決算時の為替相場による円換算額を付しますが，決算時における換算によって生じた換算差額，当期の為替差損益として処理します。

　最後に，法人税，住民税及び事業税の財務諸表の記載については，①法人税，住民税及び事業税を納税する法人は，事業活動計算書等の特別増減差額と当期活動増減差額の前に欄を追加し，②確定した法人税，住民税及び事業税の未払額については，貸借対照表の流動負債の部に「未払法人税等」の科目を設けて記載します。

4
経 営 分 析

1 必要性

　今後の社会福祉法人は，たいへん厳しい経営環境となっていくでしょう。例えば，介護保険制度では，今後益々民間企業が参入し，激しい競争となることが予想されます。

　このような環境下では，法人の現状を知り予測を立て，きちんとした経営をしていくことが大切であり，そのためのひとつの手法として，経営分析というものが有用，かつ，必要となってきます。

　経営分析は，財務諸表分析を中心としつつも，販売力などを含めて行っていくことが必要ではありますが，ここではテクニカルな手法について説明していきます。

　そして，指標としては，できるだけ細かいところは割愛して，①収益性，②安全性，③生産性の３つの代表的なものを紹介していくことにします。

2 収益性分析

　収益性とは，利益稼得能力の程度を表すものですが，営利目的でない社会福祉法人においても，安定的・継続的サービスを提供していくためには，収益性の向上を図ることは不可欠です。

　まず主要な指標としては，以下の３つがあります。

(1) 純資産回転率

　これは，「純資産回転率＝(事業活動収入÷純資産)×100」で求められます。

社会福祉法人の場合，設備投資が多額となりやすく，この比率が営利企業に比べ低くなる傾向にあります。

(2) **総資産回転率**

これは，「総資産回転率＝(事業活動収入÷純資産)×100」で求められます。この指標も社会福祉法人の場合は低くなる傾向にあり，これを高める場合，各資産の減少やリストラをする必要があります。

(3) **総資産経常収支差額比率**

これは，「総資産経常収支差額比率＝(経常収支差額÷純資産)×100」で求められ，使用資産からどれだけの経常収支差額が発生したかを示すもので，効率性の観点から重要な指標です。

上記以外の指標として，以下の3つの年次比較をする等により，分析されることをお勧めします。

① 人件費比率＝(人件費÷事業活動収入)×100
② 委託費比率＝(委託費÷事業活動収入)×100
③ 経費比率＝(経費総額÷事業収益)×100

3 安全性分析

安全性分析とは，短期では支払能力を示すもので，長期では，固定資産への投資を安全な資金で行っているかを判断するものです。

社会福祉法人の安全性分析の指標として代表的なものは，以下の3つです。

(1) **流動比率**

これは，「流動比率＝(流動資産÷流動負債)×100」で求められ，流動資産で流動負債をどれだけまかなえるか，換言すれば1年以内の資産で1年以内の負債を返済できるかを示す指標です。この比率が100％を越えていればとりあえず安心で，150くらいは欲しいところです。

(2) 純資産比率

これは,「純資産比率＝(純資産÷総資産)×100」で求められ, 総資産が負債をどのくらい上回っているかを示す指標で, この比率が高いほど経営が安全といえます。

(3) 固定長期適合率

これは,「固定長期適合率＝{固定資産÷(純資産＋固定負債)}×100」で求められ, 要は固定資産をいかに長期資本でまかなっているかを示す指標です。

これが100％を越えていれば, 無理して土地に投資していることなどが分かります。

4 生産性分析

生産性分析とは, ヒト・モノ・カネといった経営資源の単位当たり売上高を把握することで, 生産性や競争力を検証していく分析です。

社会福祉法人の代表的生産性分析の指標として, 以下の3つがあります。

(1) 労働生産性

これは,「労働生産性＝(付加価値額÷年間平均従事者数)×100」で求められ, 従事者1人当たりの付加価値額を分析します。

付加価値額は,「付加価値＝事業活動収入－(材料費＋経費＋減価償却費)」で求められ, 付加価値とは, いわば実質上の収入といえます。

(2) 従業者1人当たり事業活動収入

これは,「従業者1人当たり事業活動収入＝事業活動収入÷年間平均従事者数」で求められ, 従業者1人当たりの効率を検証できます。

(3) 労働分配率

これは,「労働分配率＝(人件費÷付加価値)×100」で求められ, この比率が

高いと収益性悪化を意味し，50％以下が好ましいとされています。

　以上の収益性・安全性・生産性の3つの分析の他，法人として売上のすう勢を検討するうえで，次の売上高年計表を作ってみるのも簡単でよいかと思われます。

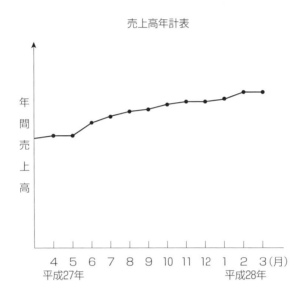

売上高年計表

　さて，最後に，3つの経営分析を総合的に判定するためにも，次の総合判定表を作ってみてはいかがでしょうか。
　判定については，前期より当期の方が改善されていれば○，そうでなければ×，といった方法で構わないと思います。

	項　　　　目	当　　期	前　　期	判　　定
収益性	純資産回転率 総資産回転率 総資産経常収支差額比率 人件費比率 委託費比率 経費比率			
安全性	流動比率 純資産比率 固定長期適合率			
生産性	労働生産性 従業者1人当たり事業活動収入 労働分配率			

III

社会福祉法人の税務

1 概　　要

1 税法上の取扱い

　社会福祉法人についての税法上の取扱いは，一方で社会福祉事業の保護・育成の見地から本来の社会福祉事業からの所得については法人税・事業税・住民税を非課税とし，他方で税負担公平の見地から収益事業から生ずる所得については課税しています。

　消費税については，2期前の基準期間の課税売上高が1,000万円を超えていれば社会福祉法人の場合も課税事業者となります。さらに，社会福祉法人が給料等を支払う際には，所得税等の源泉徴収義務も発生します。

　また，収益事業を営まない社会福祉法人についても，年間収入8,000万円超の場合，収支計算書を所轄税務署に提出しなければなりません。

2 非　課　税

　税法上，社会福祉法人の保護・育成の見地から以下のような特例が国税及び地方税にあります。

税　　目	非　課　税　の　範　囲
法　人　税	収益事業以外の事業から生じた所得
事　業　税	収益事業以外の事業から生じた所得
都道府県税	収益事業以外の事業から生じた所得
市町村民税	収益事業以外の事業から生じた所得
所　得　税	社会福祉法人が支払を受ける利子，配当等，利益の分配並びに報酬及び料金

印　紙　税	① 社会福祉法人の定款，寄附行為 ② 社会福祉法人の発する受取書 ③ 社会福祉法人における委任状等 ④ 社会福祉法人による生活困難者に対する貸付事業に係る文書
登　録　免　許　税	① 社会福祉法人の法人登録 ② 自己の設置運営する学校の校舎等の所有権の取得登記など ③ 更正保護事業の用に供する建物の所有権の取得登記など ④ 住宅金融公庫等から資金の貸付を受けて譲渡のため取得する建物の所有権の取得登記など
固　定　資　産　税 都　市　計　画　税	次に掲げる固定資産 ① 社会福祉法人による社会福祉事業 ② 更正保護事業などによる更正保護事業 ③ 生活保護法による保護施設 ④ 児童福祉法による児童福祉施設 ⑤ 老人福祉法による老人福祉施設 ⑥ 身体障害者福祉法による身体障害者更正援護施設
不　動　産　取　得　税	固定資産税と同じ
事　業　所　税	収益事業以外に対応する部分

③ 収益事業

　社会福祉法人においては，次のようなものである場合のみ，収益事業を行うことができます。

- ① 法人が行う社会福祉事業又は公益事業（社会福祉法施行令第4条及び平成14年厚生労働省告示第283号に掲げるものに限る。以下③も同様。）の財源に充てるため，一定の計画の下に収益を得ることを目的として反復継続して行われる行為であって，社会通念上事業と認められる程度のものであること。
- ② 事業の種類については，特別の制限はないが，法人の社会的信用を傷つけるおそれがあるもの又は投機的なものは適当でないこと。なお，法人税法第2条第13号にいう収益事業の範囲に含まれない事業であっても，法人の定款上は収益事業として扱う場合もあること。

③ 当該事業から生じた収益は，当該法人が行う社会福祉事業又は公益事業の経営に充当すること。
④ 当該事業を行うことにより，当該法人の行う社会福祉事業又は公益事業の円滑な遂行を妨げるおそれのないものであること。
⑤ 当該事業は，当該法人の行う社会福祉事業に対し従たる地位にあることが必要であり，社会福祉事業を超える規模の収益事業を行うことは認められないこと。
⑥ 母子及び寡婦福祉法第14条に基づく資金の貸付を受けて行う，同法施行令第6条第1項各号に掲げる事業については，③は適用されないものであること。

また，次のような場合は，「一定の計画の下に，収益を得ることを目的として反復継続して行われる行為であって，社会通念上事業と認められる程度のもの」に該当しないので，結果的に収益を生ずる場合であっても収益事業として定款に記載する必要はないとされています。

① 当該法人が使用することを目的とする設備等を外部の者に依頼されて，当該法人の業務に支障のない範囲内で使用させる場合
　（注） 会議室を法人が有しない時間に外部の者に依頼されて，当該法人の業務に支障のない範囲内で使用させる場合等
② たまたま適当な興業の機会に恵まれて慈善事業を行う場合
③ 社会福祉施設等において，専ら施設利用者の利便に供するため売店を経営する場合

次のような事業は，「法人の社会的信用を傷つけるおそれ」があるので，社会福祉法人は行うことができません。

① 風俗営業等の規制及び業務の適正化等に関する法律（昭和23年法律第122号）にいう風俗営業及び風俗関連営業
② 高利な融資事業
③ 前に掲げる事業に不動産を貸し付ける等の便宜を供与する事業

さらに，次のような場合は，「社会福祉事業の円滑な遂行を妨げるおそれ」

があるので，社会福祉法人は行うことができません。
① 社会福祉施設の付近において，騒音，ばい煙等を著しく発生させるようなおそれのある場合
② 社会福祉事業と収益事業とが，同一設備を使用して行われる場合

次に問題となるのは，社会福祉法上の「収益事業」と法人税法上の「収益事業」との関連です。

結論としては，両者は必ずしも関係があるとはいえないということになります。社会福祉法上の事業区分の各々と，法人税法上の収益事業などの組合せがほぼ全てのケースで考えられるため，それぞれを関連づけるのが不可能だからです。これは，社会福祉法人において収益事業と認められても，それが法人税法上の収益事業は34種類に限定されているため，これに該当しない限り，法人税法上の収益事業にならないことから起こるものです。

当然なこととして，法人税法上の収益事業を営む社会福祉法人には，法人税の納税義務が発生します。

法人税法施行令第5条の収益事業の範囲は，以下のものが取扱いの要点になります。

事　　　業	取　　扱　　い
物 品 販 売 業	① 保育園の園児に対する制服や文具の販売は収益事業になりますが，原価相当額で販売していれば収益事業になりません。 ② 社会福祉法人の行う売店等は収益事業となりますが，年1回程度のバザーや会員等への会費徴収手段としての頒布販売は収益事業にはなりません。
不 動 産 販 売 業	社会福祉法人が土地譲渡にあたりその土地に集合住宅を建設等して分譲する行為は，収益事業になりますが，その土地が長期にわたり固定資産として保有され，土地譲渡を容易にするための行為のみされたような場合には，収益事業になりません。
金 銭 貸 付 業	社会福祉法人が継続的に貸付けを事業として行っている場合，貸付先の相手にかかわらず収益事業になりますが，社会福祉法人等に基づく金銭の貸付けや拠出金により会員等に年7.3％以下の利率で貸し付けられた共済貸付については収益事業になりません。

物 品 貸 付 業	社会福祉法人が行うレンタル業やリース業は収益事業になりますが，土地改良法等に基づく物品の貸付けは収益事業になりません。
不 動 産 貸 付 業	社会福祉法人が行う土地・建物の賃貸業は収益事業になりますが，特定法人等が法令に基づいて行う不動産の貸付け等は収益事業になりません。
製 造 業	社会福祉法人が，製造場等を設け，自己の栽培等により取得した農作物等に加工を加え製造卸売をするような場合，収益事業になります。
通 信 業	社会福祉法人が行う公衆電話サービス業務は収益事業になります。
運 送 業	社会福祉法人が直接行う運送業の他に運送取扱等も収益事業になります。
倉 庫 業	社会福祉法人が行う一般の営業倉庫や寄託物品の保管業務も収益事業になります。
請 負 業	社会福祉法人の行う他の者の委託に基づいて行う調査，研究，情報の収集等は収益事業になります。
印 刷 業	社会福祉法人の行う謄写印刷業や複写業が収益事業になります。
出 版 業	社会福祉法人の行う書籍等の出版事業のほか，名簿等を印刷して販売するような場合も収益事業になりますが，会員に配布する会報の出版は収益事業にはなりません。
写 真 業	社会福祉法人の行う写真撮影業やフィルムの現像業務が収益事業になります。
席 貸 業	社会福祉事業として行われる席貸しは，収益事業になりません。
旅 館 業	社会福祉法人の行う下宿営業や宿泊料を受ける事業が収益事業になりますが，宿泊施設の利用が，関連者の利用で，1泊1,000円以下の場合，収益事業になりません。
料 理 店 業 その他の飲食店業	社会福祉法人が，公共施設等で食堂等を経営しているような場合，収益事業になります。
周 旋 業	社会福祉法人の行う結婚相談業は，収益事業になります。
代 理 業 仲 立 業 問 屋 業	

鉱　　　　　業 土 石 採 取 業 浴　　場　　業 労 働 者 派 遣 業	社会福祉法人にとってあまり関係ないと思われます。
理　　容　　業	社会福祉法人が，理容学校を経営しているような場合に，理容サービスの提供を行えば，収益事業になります。
美　　容　　業	社会福祉法人が，美容学校を経営しているような場合に，マッサージ等の美容サービスの提供を行えば，収益事業になります。
興　　行　　業	社会福祉法人が自ら劇団等を組織したり，他の興行主との契約により見せ物等の取次を行うような場合には収益事業になりますが，1回限りの特別記念の音楽会等のようなものを行っても収益事業にはなりません。
遊 技 所 業	社会福祉法人が，野球場等の娯楽施設の運営を行えば，収益事業になります。
遊 覧 所 業	社会福祉法人が，展望台等により景観等の観覧をさせるようなことを事業として行えば，収益事業になります。
医 療 保 険 業	社会福祉法人が，病院，治療所等を経営した場合，収益事業になりません。
技 芸 教 授 業	社会福祉法人が，書道，華道など一定の技芸を教授する事業を行えば，収益事業になります。
駐　車　場　業	社会福祉法人が，月極などで駐車場の提供を事業として行えば，収益事業になります。
信 用 保 証 業	社会福祉法人が，金銭貸付業に代えて金融機関に担保を提供することにより，他の者の信用を保証して対価を受ける事業を行えば，収益事業になります。
無体財産権提供業	社会福祉法人が，個人から工業所有権等の提供を受け，自らの研究開発により取得した工業所有権や著作権等を譲渡又は提供すれば，その収益は収益事業になります。

　なお，社会福祉法人の行っている収益事業であっても，以下の要件を満たせば，非課税事業とされます。
　① 　収益事業に従事する次に掲げる者が，その収益事業に従事する総数の半数以上を占め，かつ，その者の生活の保護に寄与している場合

- (イ) 身体障害者福祉法第4条に規定する身体障害者
- (ロ) 生活保護法の規定により生活扶助を受ける者
- (ハ) 児童相談所，精神薄弱者更生相談所，精神保護センター又は精神保健指定医により精神薄弱者として判定された者
- (ニ) (ハ)に掲げる者のほか，精神に障害のある者で，厚生労働大臣又は都道府県から一定の書類の交付を受けている者
- (ホ) 年齢65歳以上の者
- (ヘ) 母子及び寡婦福祉法に規定する配偶者のない女子で現に20歳未満の児童を扶養している者又は寡婦

② 母子及び寡婦福祉法に規定する母子福祉団体が行う事業で，次に掲げるもの
- (イ) 母子福祉団体に対する貸付けの規定による貸付金の貸付けに係る事業のうち，その貸付けの日から貸付金の最終償還日までの期間内の日が属する各事業年度において行われているもの
- (ロ) 母子及び寡婦福祉法に規定する公共的施設内において行われている事業

そして，法人税法上の収益事業開始のときは，次の手続きが必要になります。
① 規則変更の手続き
② 所轄庁へ規則変更の認証申請
③ 認証書交付後2週間以内（従たる事務所3週間以内）に変更登記
④ 変更登記後，所轄庁へ届出
⑤ 事業が法人税法上の収益事業に該当すれば，開始後2か月以内に，次の書類を所轄税務署長へ提出
- (イ) 収益事業開始届出書
- (ロ) 青色申告の承認申請書
- (ハ) 減価償却資産の償却方法の届出書
- (ニ) 棚卸資産の評価方法の届出書
- (ホ) 給与支払事務所等の開設等の届出書

(ヘ) 源泉所得税の納期の特例の承認に関する申請書(給与所得者10人未満の場合)

4 区分経理

　収益事業を営んでいる場合,収益事業から生ずる所得に関する経理と収益事業以外の事業から生ずる所得に関する経理とを区分して行わねばならず,この場合の所得に関する経理とは,単に収益及び費用に関する経理のみでなく,資産及び負債に関する経理も含みます。

　また,区分経理の方法として収益事業並びに収益事業以外の事業に直接要した費用については,各々の費用として直接経理し,共通経費については,資産の使用割合や収入金額の比など合理的な基準により各々の事業に配賦します。

　以下に配賦基準の具体例を掲げておきますので,参考にして下さい。

配賦基準	共通経費の例
建物面積	地代家賃,減価償却費,固定資産税
建物容積	水道光熱費
従業員数	福利厚生費,消耗品等
従事割合	給料手当,退職金
資産割合	支払利息

2 法 人 税

1 所得計算と税額計算

(1) 所得計算の通則

　法人税の課税標準は，法人の各事業年度の所得金額であり，所得金額は，益金の額から損金の額を控除して計算します。

　社会福祉法人の場合，所得金額は，収益事業に係る益金の額から収益事業に係る損金の額を控除して計算します。

(2) 益金の額

　益金の額とは，別段の定めのあるものを除き，資産の販売，有償又は無償による資産の譲渡又は役務の提供，無償による資産の譲受けで資本等取引以外のものに係る収益の額をいいます。

　社会福祉法人の益金の額は，資本の元入れに当たる非収益部門からの振替えや基本財産等非収益部門として受け入れる寄附金を除き，収益事業として行う資産の販売，有償又は無償による資産の譲渡又は役務の提供，収益事業に関して受け入れる無償による資産の譲受けその他の取引に係るその事業年度の収益の額をいいます。

　また，収益事業を営む社会福祉法人が，国，地方公共団体等から交付を受ける補助金，助成金等の額については，以下のような取扱いになります。

　　① 収益事業用の固定資産の取得又は改良に充当するために交付された補助金等は，収益事業に係る益金の額に算入しません。

　　② 収益事業に係る収入又は経費を補助するために交付された補助金等は，

収益事業に係る益金の額に算入します。

(3) **損金の額**

損金の額とは，別段の定めのあるものを除き，収益に係る売上原価の額，販売費及び一般管理費その他の費用の額及び損失の額で資本等取引以外の取引に係るものをいいます。

(4) **企業利益と課税所得**

企業利益と課税所得とは，企業会計と税務の目的の相違から，必ずしも一致するものではなく，いわゆる企業会計上の当期利益から出発して，税務上の調整が加えられ，所得金額が計算されます。

(5) **税額計算**

法人税額の計算は，所得金額を基礎とし，それに税額控除等の調整を行い，最後に税率19％（所得金額800万円までは15％）を乗じて計算を行います。

また，平成26年10月1日以降開始事業年度から，法人税の納税義務がある法人は，各事業年度の課税標準法人税額に4.4％を乗じた地方法人税を納める義務が生じます。これは，平成31年10月1日以後に開始する事業年度が廃止され，法人事業税に復元されます。

(6) **申　　告**

社会福祉法人の法人税の申告は，中間申告の必要はなく，年1回の確定申告のみで，各事業年度終了の日の翌日から2か月以内に，所轄税務署長に申告書を提出して行います。また，収益事業を行っていなくても，年間収入8,000万円超の法人は，原則として決算日の翌日から4か月以内に収支計算書を所轄税務署に提出しなければなりません。

2　役員給与

(1)　役員の範囲
①　通常の役員
　法人税法上の役員は，法人の取締役，監査役，理事，監事及び清算人並びにこれら以外の者で法人の経営に従事している者で一定の者をいうため，社会福祉法人については，理事及び監事は当然役員に含まれることになりますが，評議員は，税法上の役員に含まれないことがあります。

②　みなし役員
　社会福祉法人でも役員賞与が損金不算入のため，実質上経営に従事しているのにもかかわらず，理事の妻等を役員からはずすことが考えられます。
　税法は，実質所得者課税を採っているため，社会福祉法人内で役員の地位になくても，その法人内における実質的な地位やその行う職務等からみて，他の役員と同様に実質的に法人の経営に従事していると認められる場合には，これらの者も役員とみなして取り扱うこととしています。

③　使用人兼務役員
　社会福祉法人の役員の中には，役員と同時に使用人としての地位を有し職務を行っている者があり，このような役員を使用人兼務役員といいますが，税法上役員が使用人兼務役員になるためには，以下の3つの要件を全て満たさなければなりません。
　㋑　理事長，専務理事，常務理事のうち代表権を有するもの，監事，清算人その他これらの者に準ずる役員に該当しないこと
　㋺　使用人としての職制上の地位（例えば，理事兼事務長等）を有すること
　㋩　常時，実際に使用人としての職務に従事する者であること

(2)　役員報酬
①　意　　義
　役員報酬とは，役員に対する給与のうち賞与及び退職給与以外のもので定期

に支給されるものをいいます。

　この役員報酬の中には、債務免除による利益その他の経済的な利益で定期に支給されるものも含まれます。

　さて、役員報酬として損金にできるものは、前出の定期同額給与の他、①事前確定届出給与（あらかじめ所定の時期に一定額を支給するものとして税務署に届出たもの）と、②業績連動給与（有価証券報告書に記載される指標などをもとに算定されたもの）があります。

　また、従前は、毎月の役員報酬の額面が一定金額のもののみが定期同額給与と認められていましたが、近年の改正により、手取額（源泉徴収等をした後の金額）が一定であれば、定期同額給与と認められるようになりました。

　さらに、インセンティブ報酬についても、一定要件を満たせば、損金算入できることになりました。

　なお、損金算入にあたっては、損金経理が要件となっています。

　②　損金不算入額

　法人税法上、役員報酬額のうち不相当に高額な部分の金額は、損金不算入になっており、その判定は次の形式基準と実質基準のうちいずれか多い方によります。

　１）　形 式 基 準

　評議員会の決議に基づき報酬の支給限度額を定めている場合、その支給限度額を超える部分の金額が、過大役員報酬と判定されます。

　２）　実 質 基 準

　役員報酬の額が、その役員の職務の内容や、従事年数、その法人の収益状況や規模、使用人に対する給与の支給状況、その法人と規模や収益状況が類似する法人の役員報酬の支給状況等に照らして、その役員の職務対価として相当と認められる金額を超える部分の金額が過大役員報酬と判定されます。

⑶ **役員賞与**
　① 意　　義
　役員賞与とは，役員に対する臨時的な給与のうち，退職給与以外のものをいいます。この役員賞与の中には，債務免除による利益その他の経済的な利益も含まれます。
　② 取　扱　い
　１）　通常の役員賞与
　役員と法人の関係は委任関係という特殊な立場にあることから，役員賞与についても役員が委任された業務遂行の結果から創り出された出資者に帰属する利益について，出資者の了解に基づき褒賞として分与されるものであるとする立場から，全額損金不算入とされていました。
　２）　使用人兼務役員の使用人分賞与
　使用人兼務役員は，使用人としての地位と役員としての地位の両方を持っている特殊な立場から，その使用人の職務に対して支給した賞与のうち他の使用人に対する賞与の支給状況等に照らして，賞与として相当と認められる部分の金額は損金の額に算入されます。

⑷ **役員退職給与**
　① 意　　義
　役員退職給与とは，役員に対して退職を基因として支払う臨時の給与をいいます。
　具体的には，退職手当金，一時恩給その他退職により一時に受ける給与等をいいますが，遺族手当，葬祭料，香典といったものは含まれません。
　② 損金算入額
　役員退職給与についてはその費用的性格概念が明確でないところから，法人がその支出事業年度に損金経理した金額のうち，不相当に高額と認められる部分以外の金額のみが損金の額に算入されます。
　以上により役員給与の取扱いをまとめてみますと，以下のようになります。

また，これらの取扱いの対象は，社会福祉法人にあっては，収益事業に係るものに限られます。

	通常の役員（みなし役員含む）	使用人兼務役員
報　　酬	適正額損金算入	同　　　左
賞　　与	全額損金不算入	使用人分で適正額損金算入
退職給与	損金経理した金額のうち適正額損金算入	使用人分で適正額損金算入

③ 寄附金

(1) 範囲

寄附金の額は，寄附金・拠出金・見舞金その他いずれの名義をもってするかを問わず，法人が金銭その他の資産又は経済的利益の贈与又は無償の供与（交際費等となるものは除く）をした場合のその給与時の価額とされています。この中には，低額譲渡など実質的に贈与したものも含まれます。

また，利益処分をしたものや未払いのものは，支出寄附金に含まれません。

なお，社会福祉法人において寄附金を募集しようとする場合，募集着手の1月前までに，所定の手続に従い，募集しようとする地域の都道府県知事又は厚生労働大臣に対し，所定の事項を記載した書面を提出して，許可を受けなければなりません。

(2) みなし寄附金

社会福祉法人が収益事業に属する資産のうちから非収益事業のために支出した金額は，その収益事業に係る寄附金の額とみなされます。

具体例として，①収益事業から非収益事業に対して助成金支出のための金銭を支出した場合，②収益事業から非収益事業のための固定資産取得のための金銭を支出した場合などがあり，例えば，有料老人ホームは社会福祉法上は公益事業ですが，法人税法上は収益事業のため，繰入処理が必要となります。

(3) 損金算入限度額

　社会福祉法人の寄附金の損金算入限度額は，試験研究法人等に対するものについて特例の適用はなく，国又は地方公共団体に対する寄附金及び指定寄附金の特例のみ適用があり，以下の①と②の合計額が，損金算入限度額となります。

① 寄附金支出前の所得金額 $\times \dfrac{50}{100}$ （その金額が200万円に満たない場合には200万円）

② 国又は地方公共団体への寄附金，指定寄附金額（収益事業に係るもののみ対象）

4 交 際 費

(1) 範　　囲

　交際費とは，得意先，仕入先，その他事業に関係のある者に対する交際費，接待費，機密費その他の費用で，これらの者に対する接待，供応，慰安，贈答その他これらに類する行為のために支出した費用をいい，特に給与，福利厚生費，寄附金など隣接費との区分が重要となり，また，収益事業以外の部門の交際費の支出は当然問題になりません。

(2) 損金算入限度額

　社会福祉法人の交際費の損金算入限度額の計算にあたっては，まず，①により資本金の額に相当する額を求めて，それを②の区分にあてはめ，次の算式により求めます。

　損金算入限度額＝支出交際費の額－損金不算入額

① 社会福祉法人における資本の額

　㋑ 資本又は出資のある社会福祉法人

　　　資本又は出資の金額 $\times \dfrac{収益事業の資産価額}{総資産価額}$

ロ　資本又は出資のない社会福祉法人

$$純資産の帳簿価額 \times 60\% \times \frac{収益事業の資産価額}{総資産価額}$$

② 損金不算入額

事業年度末資本又は出資金額	損 金 不 算 入 額
1億円以下	接待飲食費の50％又は年間800万円を超える金額
1億円超	接待飲食費の50％

(3) 隣接費との区分

① 給与との区分

　理事長等に対して交際費等の名目で渡し切り支給されるものは役員給与とされます。

　また，常時支給される昼食等の費用も給与とされます。

② 福利厚生費との区分

　法人間で支出されるもので，創立記念日等の時に役員等に概ね一律に提供される通常の飲食費や法人の親族に対する慶弔費等は福利厚生費とされます。

③ 寄附金との区分

　金銭を贈与した場合に事業と直接関係のある者か否かにより交際費又は寄附金となります。

④ 加入金，会費等との区分

以下の表のように区分されます。

		レジャークラブ	ゴルフクラブ	社交団体	ロータリークラブ ライオンズクラブ
入会金	個人会員	給　　与	給　　与	給　　与	交　際　費
	法人会員	資　　産	資　　産	交　際　費	
会費等	入会金が給与の時	使途に応じて交際費，福利厚生費，給与に区分	給　　与	給　　与	交　際　費
	その他		交　際　費	交　際　費	
その他費用	業務遂行上必要		交　際　費	交　際　費	支出目的に応じて交際費，寄附金に区分
	その他		給　　与	給　　与	

5 使途秘匿金

　社会福祉法人が支出した使途秘匿金については，通常の法人税額に加え，その支出額の40％相当額が法人税額に加算されます。

　ここで，使途秘匿金とは，金銭の支出のうち，相当の理由がなく，その相手方の氏名又は名称及び住所又は所在地並びにその事由をその法人の帳簿書類に記載していないものをいいます。

6 租税公課

(1) 概　　要

　社会福祉法人についても収益事業を営む場合には，法人税の納税義務を一般の営利法人と同様に負い，その行う収益事業に係る所得については法人税の他に都道府県民税及び市町村民税が，当該収益事業に係る固定資産については固定資産税が，当該収益事業については事業税が，それぞれ課税されます。

(2) 取扱い

法人税法上の租税公課の取扱いは、以下のとおりです。

税 目		損 金	損金計上不可
法人税	下記以外		◯
	還付加算金の返納額	◯	
延滞税等の附帯税			◯
都道府県民税・市町村民税			◯
地方税の延滞金等	下記以外		◯
	納期限の延長に係る延滞金	◯	
罰科金			◯
源泉所得税	税額控除を選択しなかった所得税	◯	
	法人税から控除される所得税		◯
事業税	前期確定・当期中間分	◯	
	前期確定分		◯ (翌期損金)
その他（消費税，地価税，固定資産税など）		◯	

7 保 険 料

社会福祉法人が契約者となり，収益事業に従事している代表役員等又は使用人を被保険者とした場合には，保険の種類や受取人の違いによって，以下のように取り扱われます。

種類	受 取 人	保険料の取扱い
養老保険	法　　　人	全額資産計上
	被保険者又は遺族	給　　　与
	満期保険金……法人 死亡保険金……遺族	2分の1は資産計上 2分の1は損金
定期保険	法　　　人	全　額　損　金
	被保険者の遺族	全　額　損　金
養老保険付定期保険	保険料が養老保険料と定期保険料とに区分されている場合	養老保険料部分……養老保険の取扱い 定期保険料部分……定期保険の取扱い
	保険料が区分されていない場合	全て養老保険の取扱い
長期平準払定期保険	法　　　人	（加入時の年齢＋保険期間の年数×2） 　＞105の場合 　㋑ 保険期間の6割経過時 　　　2分の1は資産計上 　　　2分の1は損金算入 　㋺ 保険期間の6割経過後 　　　全額損金
	被保険者の遺族	給　　　与
個人年金保険	死亡給付金，年金いずれも法人	資　産　計　上
	死亡給付金，年金いずれも被保険者の遺族	給　　　与
	死亡給付金……被保険者の遺族 年　　　金……法人	90%　資産計上 10%　時の経過に応じ損金算入

8 貸倒損失

(1) 概　　要
　社会福祉法人の有する収益事業に係る未収入金や貸付金について，所定の場合，貸倒処理ができます。

(2) 未収入金について
　債務者について以下の事実が生じた場合には，その債務者に対して有する売掛債権（未収入金）について，1円の備忘価額を残してその他を貸倒処理できます。
　① 債務者との取引停止時以後1年以上経過した場合（担保物のある場合を除く）
　② 法人が同一地域の債務者について有する売掛債権の総額がその取立てのために要する旅費その他の費用に満たない場合，その債務者に対して，支払を督促したにもかかわらず弁済がない時

(3) 貸付金について
　債務者の債務超過の状態が相当期間継続し，その貸付金の弁済を受けることができないと認められる場合において，その債務免除額を債務者に対して書面で明らかにした時には，貸付金の一部切捨て処理が認められます。
　さらに，その債務者の資産状況，支払能力等からみてその全額が回収できないことが明らかになった場合，その事業年度に担保物処分後に貸付金の全額を貸倒れとして損金経理した時は，その経理は認められます。

9 リース取引

(1) 意　　義
　リース取引とは，税務上，①リース期間が定められており，リース会社がその期間中に物件代金やこれに付随する諸費用一切をほぼ全額回収し，リース期

間中の解約が原則的に禁止されているものをいい，社会福祉法人の場合，収益事業に係るリース料については，以下のように取り扱われます。

(2) 取 扱 い

通常，リース料全額が損金算入されますが（通常の賃貸借取引に係る方法に準じる会計処理），売買とみなされるリース取引など特別なものについては，一般の取扱いと同じでは不公平となるので，通常の売買取引に係る方法に準じて会計処理をします。すなわち，資産計上して，減価償却を行うことになります。

ただし，リース契約1件当たりのリース料総額が300万円以下のものや，リース期間1年以内のものについては，通常の賃貸借取引に係る方法に準じる会計処理による簡便的な取扱いができます。

10 固定資産と減価償却

(1) 固定資産について

① 範　　　囲

固定資産とは，たな卸資産，有価証券及び繰延資産以外の資産のうち，次に掲げるものをいいます。

　　イ　土地（土地の上に存する権利を含む）
　　ロ　減価償却資産
　　ハ　電話加入権その他

② 減価償却資産

減価償却資産とは，次に掲げるものをいいます。

　　イ　建　　　物
　　ロ　建物附属設備
　　ハ　構　築　物
　　ニ　機械及び装置

㊧　車両及び運搬具
　　㊨　器具及び備品
　　㊩　無形減価償却資産
　　㊫　生　　　物
③　少額減価償却資産
　取得価額が10万円未満又は使用可能期間が1年未満の減価償却資産については，一時に全額損金経理することが認められています。
　取得価額が20万円未満の資産については，事業年度ごとに一括して3年間で償却できます。
　また，青色申告法人については，30万円未満（300万円が限度）の即時償却が認められています。
④　取 得 価 額
　購入した減価償却資産の取得価額は，その購入代価に取引運賃等の付随費用を加算した金額によります。
　ただし，固定資産取得のための借入金利息につき，取得価額算入又は損金経理のいずれの処理を行うかについては法人の選択に委ねられています。
　また，土地建物一括取得の場合は，合理的な基準によって按分計算の必要があります。

(2)　**減価償却について**
①　意　　　義
　減価償却とは，減価償却資産について，その取得価額を使用可能期間に費用として配分する手続きをいいます。
　法人税法上の特徴としては，①任意償却で損金経理を要求していること，②償却費の最高限度額を設けていること，③償却方法も定型化していること，④特別償却を認めていること等が挙げられます。
　また，社会福祉法人でその減価償却資産を収益事業以外の事業と共用しているような場合には，償却費を按分しなければならず，注意が必要です。

② 償却方法
- ㋑ 定額法……償却限度額＝(取得価額－残存価額(注1))×償却率
- ㋺ 定率法……償却限度額＝(取得価額－償却累計額)×償却率(注2)
- ㋩ その他……生産高比例法，取替法など

(注1) 残存価額は有形減価償却資産については取得価額の10％，無形減価償却資産はゼロとなります。
(注2) 定率法の償却率は，原則として定額法の償却率の2.5倍になりました。

1) 平成19年4月1日以後に取得をされた減価償却資産

償却可能限度額（取得価額の95％相当額）及び残存価額が廃止され，耐用年数経過時点に「残存簿価1円」まで償却できるようになりました。

2) 平成19年3月31日以前に取得をされた減価償却資産

従前の償却方法については，その計算の仕組みが維持されつつ，その名称が旧定額法，旧定率法等と改められたうえ，前事業年度までの各事業年度においてした償却費の累積額が，原則として，取得価額の95％相当額（従前の償却可能限度額）まで到達している減価償却資産については，その到達した事業年度の翌事業年度（平成19年4月1日以後に開始する本業年度に限られます。）以後において，次の算式により計算した金額を償却限度額として償却を行い，残存簿価1円まで償却できるようになりました。

$$償却限度額＝(取得価額－取得価額の95％相当額－1円)\times\frac{償却を行う事業年度の月数}{60}$$

③ 償却方法の届出及び変更

新設社会福祉法人で法定償却方法以外の方法を選択する場合は，設立日の属する事業年度の確定申告書の提出期限までに選定した償却方法を所轄税務署長に届け出なければならず，償却方法を変更する場合には，事業年度開始の日の前日までに所轄税務署長に届け出て，承認を受けなければなりません。

④ 法定償却方法

法人が償却方法の届け出をしなかった場合には，建物（建物附属設備，構築物）については定額法，鉱業用減価償却資産(注)については生産高比例法，

それ以外のものについては定率法で償却計算をしなければなりません。

(注) 鉱業用減価償却資産のうち建物，建物附属設備，構築物については定率法廃止。

⑤ 期中取得資産の償却限度額

$$償還限度額＝年間限度償却額×\frac{事業供用月数}{12}$$

⑥ 中古資産の耐用年数

1) 原 則……見積残存耐用年数
2) 簡　便　法
　イ 法定耐用年数の全部経過の場合
　　法定耐用年数×20%
　ロ 法定耐用年数の一部経過の場合
　　（法定耐用年数－経過年数）＋経過年数×20%

(注) 1年未満の端数は切捨て，2年未満は2年とする。

⑦ 償却可能限度額

1) 有形減価償却資産……取得価額の95%（平成19年4月1日以後取得のものは備忘価額1円まで償却可能）
2) 無形減価償却資産……取得価額全部

⑧ 資本的支出

固定資産取得後に以下のような支出をして，その価値が増加した場合や耐用年数が延長される場合には，一定の金額を資本的支出として取得価額に加えなければなりません。

　イ 建物の避難階段の取付等物理的に付加した部分に係る費用の額
　ロ 用途変更のための模様替え等改造又は改装に直接要した費用の額

11 貸倒引当金

(1) 概　要

社会福祉法人の収益事業に係る貸金について実際の貸倒れは稀であっても，青色・白色を問わず，損金経理を要件として，将来の貸倒による損失に備える

ため，一定率までの貸倒引当金の設定が認められます。

(2) **貸金の範囲**

以下のものが該当します。

① 売　掛　金
② 未　収　入　金
③ 貸　付　金
④ 未収の損害賠償金，保証債務の求償権等
　（注）　預貯金の未収利子，前払給料，概算払旅費などは含まれません。

(3) **繰入限度額**

貸倒引当金の繰入限度額の計算は，次の貸倒実績率による方法（原則法）と法定繰入率による方法（特例法）のいずれか大きい方によります。

① **貸倒実績率による方法（原則法）**

$$期末貸金の額 \times \frac{分母の各事業年度における貸倒損失の合計額}{当該事業年度開始の日前3年以内に開始した各事業年度の期末貸金額の合計額} \times \frac{12}{左の各事業年度の月数の合計額} \div 左各事業年度の数$$

＝繰入限度額（小数点以下4位未満切上げ）

② **法定繰入率による方法（特例法）**

社会福祉法人などの公益法人等は，①に代えて以下の算式によって，繰入限度額を計算することができます。

$$繰入限度額 = \left(\begin{array}{c} 期末一括評価金銭 \\ 債権の帳簿価額 \end{array} - \begin{array}{c} 実質的に債権と \\ みられない金額 \end{array} \right) \times 法定繰入率_{(注)}$$

（注）　法定繰入率は下表のとおりです。

卸売業及び小売業（飲食店及び料理店業を含みます）	製造業	金融業及び保険業	割賦販売小売業並びに包括信用購入あっせん業及び個別信用購入あっせん業	その他
10／1000	8／1000	3／1000	13／1000	6／1000

③ 特　　例

　資本又は出資金額の1億円以下の社会福祉法人や資本金額を有しない社会福祉法人の繰入限度額は，上記①と②いずれかの金額に10％（平成29年4月1日から平成31年3月31日までの間に開始する事業年度）の割増ができます。

12　繰越欠損金

(1) 概　　要

　社会福祉法人の収益事業に係る所得計算も一般営利法人と同様に原則として各事業年度ごとに期間を区切って計算されるため，当期以前の事業年度において欠損金額があっても，その後の事業年度の所得との通算はできませんが，以下のような場合には，通算が認められています。

(2) 青色年度の欠損金の繰越控除

　確定申告書を提出する社会福祉法人の各事業年度開始の日前7年又は9年又は10年以内に開始した事業年度において生じた欠損金額があり，かつ，以下の①と②の要件を満たした場合には，その欠損金額に相当する金額は，7年間（平成20年4月1日以後開始事業年度に生じた欠損金は9年間，平成29年4月1日以後開始のものは10年間）繰り越してその各事業年度の所得の金額の計算上，損金の額に算入されます。

　① 欠損金額発生事業年度に青色申告書である確定申告書を提出していること

　② その後の事業年度において連続して確定申告書（青色・白色は問わない）を提出していること

　なお，(3)の災害損失金の繰越控除も同様ですが，中小法人等以外の法人の繰越控除限度額は，平成24年以降は所得の80％，平成27年以降は所得の65％，平成29年以降は所得の50％に各々制限されます。

(3) 災害損失金の繰越控除

　確定申告書を提出する社会福祉法人の各事業年度開始の日前5年以内に開始した事業年度（青色申告は要件でない）に生じた欠損金額のうち，震災，風水害，火災等により，棚卸資産，固定資産等について生じた損失に係るもので，災害による繰越欠損金とされる一定の欠損金額は，7年間（平成20年4月1日以後開始事業年度に生じた欠損金は9年間，平成30年4月1日以後開始のものは10年間）繰り越してその各事業年度の所得の金額の計算上，損金の額に算入されます。

(4) 欠損金の繰戻し還付

　社会福祉法人を含む中小法人等の平成21年2月1日以後に終了する各事業年度において生じた欠損金額については，次の算式により計算した金額を，欠損金の繰戻しによる還付ができるようになりました。

　ただし，この制度は中小企業者を除き，平成30年3月31日までに終了する事業年度の欠損金額については，その運用が停止されています。

$$還付所得事業年度の法人税額 \times \frac{欠損事業年度の欠損金額}{還付所得事業年度の所得金額}$$

3 消費税

1 概　　要

　社会福祉法人も基準期間の課税売上高が1,000万円を超えていれば，消費税の課税事業者となります。

　消費税については，収益事業以外のものでも課税されることもあり，課否の区分は消費税独自の基準で決定されますが，社会福祉法人についてはその資産の譲渡や役務の提供について非課税取引が多いということはいえましょう。

　社会福祉法人で消費税の課税される具体的事業としては，①障害者支援施設もしくは授産施設もしくは地域活動支援センターを経営する事業において生産活動としての作業に基づき行われる資産等の譲渡等，②障害福祉サービス事業において，生産活動としての作業に基づき行われる資産等の譲渡等などがあります。

2 課税取引

(1) 国内取引

　国内取引の課税対象は，以下の全ての要件の該当する取引をいいます。
　① 資産の譲渡，資産の貸付け及び役務の提供であること
　② 国内において行うものであること
　③ 事業者が事業として行うものであること
　④ 対価を得て行うものであること

　したがって，社会福祉法人の行う資産の譲渡や貸付け及びサービスの提供も原則は課税取引になるのですが，第1種社会福祉事業や第2種社会福祉事業は

非課税とされるため，結局大部分の収入は非課税取引となります。

(2) **輸 入 取 引**
保税地域から引き取られる外国貨物に対して課税されます。

3 非課税取引

(1) **性格上課税対象とならないもの**
① 土地等の譲渡及び貸付け（一時的使用を除く）
② 有価証券や支払手段等の譲渡
③ 貸付金の利子を対価とする資産の貸付け等の金融取引及び保険料を対価とする役務の提供等
④ 国及び地方公共団体の行う行政サービス
⑤ 物品切手等の譲渡
⑥ 国際郵便為替及び外国為替取引等

(2) **特別の政策的配慮によるもの**
① 健康保険法等の医療保険各法，老人保健法，生活保護法，公害健康被害の補償等に関する法律又は労働者災害補償保険法に基づいて行われる医療の給付等
② 社会福祉法に規定する第一種社会福祉事業及び児童福祉法に規定する保育所又は助産施設を経営する事業として行われる資産の譲渡等
③ 学校の授業料，入学検定料，入学金等

4 不課税取引

不課税取引とは，課税取引の中に入っていない取引のことで，例えば，国等から交付される補助金，対価性のない会費，寄附金といったものがこれに該当します。

非課税取引との相違については，課税売上割合の計算にあたって非課税売上

は含まれますが、不課税取引に係る収入は除外されます。

また、次の支出については、仕入控除はできません。

① 通勤手当以外の人件費
② 法定福利費
③ 海外での諸経費
④ 支払地代
⑤ 保険料
⑥ 租税公課
⑦ 寄附金、助成金
⑧ 罰金、損害補償金
⑨ 支払利息
⑩ 土地、借地権、投資有価証券購入支出
⑪ 敷金・保証金支出
⑫ 借入金返済支出
⑬ 特定預金支出
⑭ 繰入金支出

5 納税義務者及び税率

消費税の納税義務者は、基準期間（社会福祉法人は前々事業年度）の課税売上高が1,000万円超の事業者で、税率は8％（平成31年10月から10％になる予定）です。さらに、平成31年10月の税率引上げと同時に8％の軽減税率が一部のものに適用される予定です。

なお、平成25年1月1日以後に開始する事業年度から前年の上半期の課税売上高が1,000万円超の場合、翌課税期間から課税事業者となる場合があります。

6 税額計算の原則

(1) **概　　要**

社会福祉法人も基準期間の課税売上高が5,000万円を超えれば、当然原則的

な税額計算の算式（納付税額＝課税売上に係る消費税額－課税仕入に係る消費税額）によります。

さらに，社会福祉法人は，消費税法上，別表第三に掲げる法人であるため，資産の譲渡対価以外の収入である特定収入の割合が5％超であれば，次のような非常に複雑な計算によって消費税の計算をしなければなりません。

(2) 税額計算に必要な用語の説明

用　語	説　　明
収 入 区 分	収入 ─┬─ 資産の譲渡等の対価 ─┬─ 非課税売上 　　　　　　　　　　　　　　　└─ 課税売上 　　　└─ 不課税収入 ─┬─ 特定収入 ─┬─ 法令等において課税売上のみ使用される課税仕入等に充てられる明確な特定収入（A特定収入） 　　　　　　　　　　　　　　　　　　　├─ 法令等において課税売上と非課税売上に共通して使用される課税仕入等に充てられる明確な特定収入（B特定収入） 　　　　　　　　　　　　　　　　　　　└─ 使途不特定の特定収入（C特定収入） 　　　　　　　　　　　　└─ 特定収入以外の収入
特 定 収 入	資産の譲渡等の場合に対価性のない以下のような収入 ①　補助金等の収入 ②　寄附金の収入 ③　保険金，配当金収入 ④　一般会費収入 ⑤　他会計からの繰入収入
特 定 収 入 割 合	特定収入割合＝$\dfrac{\text{特定収入}}{\text{税抜課税売上高}＋\text{非課税売上高}＋\text{特定収入}}$
課 税 売 上 割 合	課税売上割合＝$\dfrac{\text{税抜課税売上高}}{\text{税抜課税売上高}＋\text{非課税売上高}}$
調 整 割 合	調整割合＝$\dfrac{\text{C特定収入}}{\text{税抜総売上高}＋\text{C特定収入}}$

通算調整割合	通算課税期間（その課税期間を含む過去3年間）において，次の計算式により算出した場合 $$通算調整割合＝\frac{通算課税期間のC特定収入}{通算課税期間の税抜総売上高＋通算課税期間のC特定収入}$$
個別対応方式	課税期間における課税仕入高に含まれる消費税額を， ① 課税資産の譲渡等にのみ要するもの ② 課税資産の譲渡等以外の資産の譲渡等にのみ要するもの ③ 課税資産の譲渡等と課税資産の譲渡等以外の資産の譲渡等に共通して要するものに合理的に区分したうえ，以下の算式により計算した金額を課税売上に係る消費税額から控除する方式です。 控除消費税額＝①に対する消費税額＋③に対する消費税額 　　　　　　×課税売上割合
一括比例配分方式	以下の算式により計算した金額を課税売上に係る消費税額から控除する方式です。 控除消費税額＝課税仕入に係る消費税額×課税売上割合

(3) 課税仕入に係る消費税額（仕入税額控除額）の特例計算

場　　所	仕入税額控除額の計算
特定収入割合が5％超かつ課税売上割合が95％	① （A特定収入＋B特定収入）× $\frac{8}{108}$ ② （通常の仕入税額控除額－①）×調整割合 ③ 仕入税額控除額＝通常の仕入税額控除額－①－②
特定収入割合が5％超かつ課税売上割合が95％未満で個別対応方式の場合	① A特定収入× $\frac{8}{108}$ ② B特定収入× $\frac{8}{108}$ ×課税売上割合 ③ （課税売上に対応する課税仕入に係る消費税＋課税・非課税売上に共通する課税仕入に係る消費税×課税売上割合－①－②）×調整割合 ④ 仕入税額控除額＝通常の仕入税額控除額－①－②－③
特定収入割合が5％超かつ課税売上割合が95％未満で一括比例配分法式の場合	① A特定収入× $\frac{8}{108}$ ×課税売上割合 ② （通常の仕入税額控除額×課税売上割合－①）×調整割合 ③ 仕入税額控除額＝通常の仕入税額控除額×課税売上割合－①－②

調整割合と通算調整割合との差が20％以上の場合	ⓐ＝通算課税期間において，特定収入があることにより制限された仕入税額控除合計額 ⓑ＝通算課税期間の各期間について，調整割合でなく通算調整割合を用いて特定収入があることにより制限された仕入税額控除合計額 ① ⓐ＞ⓑの場合 　仕入税額控除額＝通常の仕入税額控除額－特定収入があることにより制限される仕入税額控除額 　　　　　　　　－（ⓐ－ⓑ） ② ⓐ＜ⓑの場合 　仕入税額控除額＝通常の仕入税額控除額－特定収入があることにより制限される仕入税額控除額 　　　　　　　　＋（ⓑ－ⓐ）

7 簡易課税制度

簡易課税制度とは，基準期間の課税売上高が5,000万円以下の事業者についての以下のみなし仕入率による簡便計算です。

業　　種	みなし仕入率
卸　売　業	90％
小　売　業	80％
製　造　業　等	70％
そ　の　他	60％
サ ー ビ ス 業 等	50％
不　動　産　業	40％

納付税額＝課税売上高×$\frac{100}{108}$×8％－課税売上高×$\frac{100}{108}$×8％×みなし仕入率

8 特別会計を有する場合の取扱い

特別会計は独立会計単位であり，一般会計や他の特別会計とは区別して経理する必要がありますが，消費税法上，社会福祉法人に対してはその会計単位は考慮せず，一法人一事業として課されます。

また，以下のことに留意して下さい。
① 会計単位ごとに留意して下さい。
② 納付又は還付消費税の会計処理は，原則として発生原因別に一般会計と特別会計とに按分処理します。
③ 課税売上割合による仕入税額控除計算を行う場合で，個別対応方式の場合，一般会計や特別会計の会計単位を実態に則して，個別対応の単位として考えることができます。

9 経理方法

消費税の経理方法として，①消費税の金額を含めて経理する税込経理方式と，②消費税を含めないで区分して経理する税抜経理方式があり，次の設例を参考に両者の違いを理解して下さい。

設 例	税込経理方式		税抜経理方式	
	借 方	貸 方	借 方	貸 方
商品¥32,400（税込）を掛で仕入れた	仕 入 32,400	買 掛 金 32,400	仕 入 30,000 仮払消費税 2,400	買 掛 金 32,400
商品¥54,000を掛で売り上げた	売 掛 金 54,000	売 上 54,000	売 掛 金 54,000	売 上 50,000 仮受消費税 4,000
消耗品¥1,080を現金で購入した	消耗品費 1,080	現 金 1,080	消耗品費 1,000 仮払消費税 80	現 金 1,080
消費税額¥1,520を現金で納付した	公租公課 1,520	現 金 1,520	仮受消費税 4,000	仮払消費税 2,480 現 金 1,520

10 申告等

　社会福祉法人も各事業年度終了の日の翌日から2か月以内に消費税の確定申告をしなければなりません。

　また，前課税期間の納付税額が48万円超の場合には，中間申告もしなければなりません。

　さらに，直前課税期間年税額4,800万円超の事業者については，原則，前年確定税額の12分の1を毎月納付しなければなりません。

　なお，次のような事項が生じたら，各々次の届出が必要となります。

届出が必要な場合	届出書名	届出期限等
免税事業者が課税事業者になることを選択しようとするとき	消費税課税事業者選択届出書	選択しようとする課税期間の初日の前日まで
課税事業者を選択していた事業者が課税事業者の選択をやめようとしたとき	消費税課税事業者選択不適用届出書	選択をやめようとする課税期間の初日の前日まで
簡易課税制度を選択しようとするとき	消費税簡易課税制度選択届出書	選択しようとする課税期間の初日の前日まで
簡易課税制度の選択をやめようとするとき	消費税簡易課税制度選択不適用届出書	選択をやめようとする課税期間の初日の前日まで
課税期間の特例（短縮）を選択しようとするとき	消費税課税期間特例選択届出書	特例（短縮）に係る課税期間の初日の前日まで
課税期間の特例（短縮）の適用をやめようとするとき	消費税課税期間特例選択不適用届出書	適用をやめようとする期間の初日の前日まで

4 所得税の源泉徴収義務

1 概　　要

　社会福祉法人が，代表役員等に対して給与や退職金を支払った場合や顧問税理士に報酬を支払った場合などには，所得税を源泉徴収し国に納付しなければならず，以下のものが対象となる所得です。
　① 　給 与 所 得
　② 　退 職 所 得
　③ 　公的年金等
　④ 　報酬・料金

2 給与支払者の事務手続

　給与支払者は，源泉徴収義務発生後1か月以内に「給与支払事務所等の開設届出書」を所轄税務署長に提出し，給与所得・退職所得の受給者1人ごとに毎年1人別徴収簿を作成し，納付については，徴収高計算書に納付税額等を記入し，徴収税額を原則として翌月10日までに納付しなければなりません。
　ただし，給与所得者が10名未満の場合，選択によりあらかじめ税務署長に対して「源泉所得税納期特例の承認申請書」を提出しておけば，7月と翌年1月の年2回納付で済みます。

3 給与受給者の事務手続

　給与受給者は，扶養控除等申告書に扶養家族等を記載し，その年の最初の給与等の支払をする日の前日までに，給与支払者に提出しなければなりません。

4 年末調整

　年末調整とは、1年間の給与総額が確定する年末に、その年の納付すべき税額を計算し、源泉徴収税額との過不足を精算する手続をいいますが、以下の人は年末調整の対象になりません。

① 給与等の金額が2,000万円超の人
② 2か所以上より一定金額以上の支給を受けている人
③ 年の中途で退職した人
④ 災害により徴収猶予を受けた人
⑤ 日雇労務者
⑥ 非居住者

5 法定調書

　給与支払者のうち一定額を超えて支払をした場合、以下の法定調書を作成して、所轄税務署長に提出しなければなりません。

① 給与支払報告書及び給与所得の源泉徴収票
② 退職所得の源泉徴収票
③ 公的年金の支払調書
④ 報酬・料金等の支払調書
⑤ 不動産の使用料等の支払調書及び不動産等の譲受けの対価の支払調書
⑥ 支払調書合計表

6 マイナンバー制度について

　平成27年10月にマイナンバーが通知され、平成28年1月からマイナンバー制度が始まります。

　この制度は、行政手続における特定の個人を識別するため、マイナンバー（個人は12桁、法人は13桁）が付され、社会保障、税、災害対策に係るものについて、マイナンバーの申し出・記載が必要となるというものです。

このことにより，税金の申告書のみならず，給与所得の源泉徴収票や支払調書等についてもマイナンバーの記載が必要となり，支払者＝法定調書の税務署への提供者のマイナンバーだけでなく，支払を受ける者のマイナンバーも必要となることから，あらかじめこれらのマイナンバーの収集が必要です。

　さて，マイナンバーの収集にあたって，スムーズに収集できればいいのですが，かたくなにマイナンバー提供を拒む方も見受けられます。

　その場合，以下の形式の申述書を作成しておくことをお勧めします。

平成　年　月　日

　　　　　　　税務署長　殿

(企業名)＿＿＿＿＿＿＿＿＿
(役職名)＿＿＿＿＿＿＿＿＿
(氏　名)＿＿＿＿＿＿＿＿＿

個人番号情報の提供を受けられなかった経過等に関する申述書

個人番号情報の提供を受けられませんでしたので，その経過等について申し述べます。

【個人番号情報の提供を受けられなかった者の氏名，住所，連絡先及び属性】

氏　名	
住　所	
連絡先	
属　性	☐従業者　☐報酬等支払先　☐株主　☐不動産賃料等支払先 ☐その他（　　　　　　　　　）

【最初に個人番号情報の提供を依頼した日及び依頼の内容等】

年月日：平成　　年　　月　　日
依頼文書：(表題)
　　　　　(文面)
　　　　　(送達方法)

【個人番号情報の提供を受けられていない経過及び理由等】

【その後の対応方法】

5
贈与税・相続税

1　個人が社会福祉法人に生前贈与・遺贈・死因贈与した場合

　個人から社会福祉法人に贈与した場合に，それが不動産以外の預貯金等であれば課税上の問題はありませんが，土地や建物などの不動産等であれば問題があります。

　この場合，贈与者はその資産を時価で譲渡したものとみなされ，その譲渡所得に対して所得税が課税されますが，次の要件を満たし，国税庁長官の承認を受けた場合には，所得税は課税されません。

① 当該贈与等が，教育又は科学の振興，文化の向上，社会福祉への貢献その他公益の増進に著しく寄与すること
② 贈与等に係る財産が，その贈与等があった日以後2年以内に，その宗教法人の目的とする公益事業の用に供され又は供される見込みであること
③ 当該社会福祉法人に対して贈与等することにより，その贈与者等の所得税の負担を不当に減少させ，又はその贈与者若しくは遺贈者の親族その他これらの者と特別の関係がある者の相続税や贈与税の負担を不当に減少させる結果にならないと認められること

　一方，贈与された方の社会福祉法人に関しては，原則として課税問題は発生しません。

　しかしながら，贈与者の親族その他特別の関係がある者の相続税や贈与税の負担が，その財産の贈与により不当に減少する結果になると認められる場合には，その贈与を受けた社会福祉法人は個人とみなされ，贈与税が課税されることがあるため注意が必要です。

2 個人が社会福祉法人に相続により取得した財産を贈与した場合

　相続により取得した個人に対しては，まず当然に相続税が課税されます。

　しかし，一定の場合には，その社会福祉法人に贈与した財産について相続税が課税されません。

　また，その贈与した財産が不動産等の場合の課税関係は，前記1と同様です。

　一方，贈与された方の社会福祉法人の課税関係は，前記1と全く同様です。

　最後に，平成30年改正により，社会福祉法人に財産を贈与や相続により寄附した場合の譲渡所得等の非課税措置について，次の措置が講じられることになりました。

　申請書の提出があった日から1月以内に国税庁長官の承認しないことの決定がなかった場合に，その承認があったものとみなす特例について，承認に係る特例の対象範囲に，次に掲げる贈与又は遺贈も加えられることとなりました。

　国立大学法人，大学共同利用機関法人，公立大学法人，独立行政法人国立高等専門学校機構又は国立研究開発法人（法人税法別表第一に掲げる法人に限る。）に対する贈与又は遺贈で，そのことに係る財産が一定の手続の下で，これらの法人の行う研究開発の実施等の業務に充てるための基金に組み入れるもの

参 考 文 献

『エンゼル・プランに参加しませんか！』，平井飛行編，エスピー通信社
『社会福祉法人の手引き』，厚生省社会・援護局企画課監修，第一法規
『社会福祉法人の会計』，守永誠治著，税務経理協会
『新社会福祉法人会計の実務』，宮内忍・宮内真木子著，全社協
『実務やさしい社会福祉法人の税務』，辻会計事務所編，全社協
『実務やさしい社会福祉法人の消費税』，辻会計事務所編，全社協
『介護サービス法人の経営改革』，全国社会福祉協議会編，全社協
『介護保険を活かす経営』，小室明子・長谷憲明著，ブックマン社
『社会福祉法人の会計と税務の要点』，中川健造著，税務経理協会
『社会福祉法人の「設立・運営・会計・税務」ハンドブック』，羽生正宗著，セルバ出版
『新社会福祉法人会計基準のすべて』，中村厚著，ぎょうせい
『社会福祉法人の会計基準Q&A』，全国社会福祉法人会計研究会編著，清文社
『社会福祉法人設立・運営の手引き』，東京都社会福祉協議会，東社協
『社会福祉法人の運営とリスク管理』，外岡潤著，中央経済社
『社会福祉法人会計の実務ガイド』，あずさ監査法人編，中央経済社
『社会福祉法人の会計と税務の入門』，齋藤力夫・佐藤弘章著，税務経理協会
『社会福祉法人の運営と財務』，古田清和他著，同文舘
『小規模社会福祉法人のための法人運営と財務管理』，総合福祉研究会編，清文社
『社会福祉法人のための社会福祉法の要点と会計監査人監査の受け方』，平林亮子・高橋知寿著，税務経理協会
『社会福祉法人制度改革の解説と実務』，管理正明・市野澤剛士・香取隆道著，ぎょうせい

著者紹介

実藤　秀志（さねとう　ひでし）

昭和36年　東京生まれ
昭和58年　埼玉大学経済学部卒業
昭和60年　公認会計士２次試験合格
平成元年　公認会計士３次試験合格
平成４年　独立開業
平成８年　不動産鑑定士２次試験合格
現　在　公認会計士，税理士，不動産鑑定士補
著　書　『年収100万円で楽しく幸せに生活する本』（三笠書房）
　　　　『１週間で「会計の基本」が身につく本』（PHP研究所）
　　　　『老後破産しないための「6000万円獲得大作戦」』（トータルＥメディア出版）
　　　　『あなたの終活を大成功に導く』（トータルＥメディア出版）
　　　　『新公益法人ハンドブック』（税務経理協会）
　　　　『医療法人ハンドブック』（税務経理協会）
　　　　『宗教法人ハンドブック』（税務経理協会）
　　　　『学校法人ハンドブック』（税務経理協会）
　　　　『新証券税制ハンドブック』（税務経理協会）　など
編　著　『超高齢化時代へのライフデザイン』（税務経理協会）
連絡先：千葉県船橋市松が丘１-35-１
　　　　TEL　047（469）4768　　FAX　047（469）7078
　　　　URL　http://www.saneto-kaikei.com

著者との契約により検印省略

平成12年 8 月15日	初　版第 1 刷発行
平成14年11月15日	改訂版第 1 刷発行
平成15年 5 月 1 日	三訂版第 1 刷発行
平成17年 8 月15日	四訂版第 1 刷発行
平成20年 8 月15日	五訂版第 2 刷発行
平成22年 9 月15日	六訂版第 1 刷発行
平成27年 7 月15日	七訂版第 1 刷発行
平成30年10月15日	八訂版第 1 刷発行

社会福祉法人ハンドブック
－設立・会計・税務－
〔八訂版〕

著　者	実　藤　秀　志	
発行者	大　坪　克　行	
印刷所	税経印刷株式会社	
製本所	牧製本印刷株式会社	

発行所　〒161-0033　東京都新宿区下落合2丁目5番13号　株式会社　税務経理協会

振　替　00190-2-187408　　電話　(03)3953-3301（編集部）
ＦＡＸ　(03)3565-3391　　　　　　(03)3953-3325（営業部）
URL　http://www.zeikei.co.jp/
乱丁・落丁の場合は，お取替えいたします。

© 実藤秀志 2018　　　　　　　　　　　　　　　Printed in Japan

本書の無断複写は著作権法上での例外を除き禁じられています。複写される場合は，そのつど事前に，（社）出版者著作権管理機構（電話 03-3513-6969，FAX 03-3513-6979，e-mail：info@jcopy.or.jp）の許諾を得てください。

JCOPY　＜（社）出版者著作権管理機構　委託出版物＞

ISBN978-4-419-06577-5　C3032